가방 만드는 엘깡의 묵상일기

강유진 지음

contents

01 : 2017. 02. 03   이 바이블이 그 바이블   06
02 : 2017. 02. 11   속사람   10
03 : 2017. 04. 20   복된 기회   12
04 : 2017. 05. 01   그래도 감사   15
05 : 2017. 05. 11   의리와 자아도취   17
06 : 2017. 05. 26   내 안의 두려움   19
07 : 2017. 06. 20   항상 유쾌하라!   22
08 : 2017. 07. 02   우선순위   25
09 : 2017. 07. 17   영혼 청소   32
10 : 2017. 07. 26   배우자 기도   35
11 : 2017. 08. 03   기도하는 부모   39
12 : 2017. 08. 10   미움의 시각   45
13 : 2017. 08. 30   사랑의 시각   48
14 : 2017. 09. 07   고민하지 말아요   52
15 : 2017. 09. 16   빅 픽처, 크고 넓게 보기   55
16 : 2017. 09. 30   선교   59
17 : 2017. 10. 09   완벽한 배우자   65

18 : 2017. 10. 16	나를 왕따시켰던 고마운 친구 69
19 : 2017. 10. 25	하나님의 시간표 74
20 : 2017. 10. 31	맹세를 지킬 기회 76
21 : 2017. 11. 08	안식일, 일주일에 하루 80
22 : 2017. 11. 16	사랑의 온도 83
23 : 2017. 11. 22	한 사람 88
24 : 2017. 12. 06	갑과 을 = 을과 갑 92
25 : 2017. 12. 22	욕심 96
26 : 2018. 01. 05	보이지 않는 먼지 101
27 : 2018. 01. 15	기도와 기부 104
28 : 2018. 01. 23	기다림의 미학 109
29 : 2018. 01. 29	습관 114
30 : 2018. 02. 13	노련한 방귀 118
31 : 2018. 02. 19	답을 아는 사람은 담대하다 123
32 : 2018. 03. 02	내려놓을 수 있는 은혜 126
33 : 2018. 03. 17	뚫려라 내 마음 133
34 : 2018. 03. 29	축복 세어보기 136

어린 시절 책 선물이 제일 싫었는데, 그랬던 제가 책을 냅니다.
그래도 하나님의 정신을, 가장 중요한 중심을 나누는 사업이기에 고백하고
어렵지 않은 일상의 생각과 하나님 말씀을 베이스로 살아가고 성공하는
묵상 이야기를 나누고자 합니다.

얼굴 한번 본 적 없지만 내 마음 속에 사시는 분.

많이 타락했었고
많이 죄인이고
많이 어리석은 나를 어루만져주시고
늘 내 안에 살아계셔서 나의 주인이 되신 하나님이 계심을 고백합니다.

폭풍 같은 내 인생에서
늘 흔들리지 않게 지켜 주시는
나의 아버지께 이 책을 바칩니다.

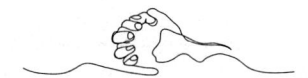

01 : 2017. 02. 03 ─────── 이 바이블이 그 바이블

묵상훈련

제겐 저를 버티게 해주는 좋은 습관 2가지가 있어요.
물론 나쁜 습관은 더 많겠지만….
첫 번째는 스트레칭이에요.
중1때부터 시행해온 자기 전 스트레칭 5분법.
임신했을 때도 해왔고, 특별히 낯선 친구들이 오거나 해서
창피한 날 빼고는 거의 빼놓지 않고 시행했지요.

그리고 두 번째는 바로 묵상.
뭐, 훈련이라고 해서 대단한 건 아닌 거 아시죠?
그냥 하나님의 좋은 말씀 한 줄이라도 깨달으려 노력하며
나를 돌아보고 반성하고 계획하는 시간,
산만한 나를 다독이고 정리하는 가장 귀한 시간이에요.
하지만 이런 훈련을 20년 넘게 하다 보니, 무슨 기인 같지만,
하지 않은 날은 뭔가 답답하고 정리되지 않은 옷장처럼
숙제를 떠안고 살기에,
나 자신의 보이지 않는 세계를 위해 꼭! 해야 해요.

묵상이란

내 안에 나를 담을 수 있는 중요한 방식입니다.
그렇지만 온갖 산만한 것들로 가득찬 이 세상에서
어떻게 조용히 묵상할 수 있을까?
내게 있어 말씀을 묵상하기 위해서는 먼저
집안일을 하거나 운전을 하는 동안
음악이나 TV를 끄는 것부터 시작해야 합니다.
시끄러움과 번잡함이 사라진 고요는 내가 말씀 공부한 것을 숙
고하게 하며. 그것을 내 생애에 적용할 기회를 제공합니다.

또한 말씀 묵상은 배우자나 내 가까운 이들에게
영적인 양식으로 나를 채운다는 것을 의미.
내가 느끼고 묵상한 말씀.

곧 내 마음 속에서 개발된 말씀은
내 남편의
내 친구의

내 자녀의
필요를 통찰하는 길이 될 것이라 믿어요.

어떤 식으로든
자기 자신에게, 혹은
상황에 지치고 치이고 힘듦이 있을 때

말씀으로 위로받고 자신을 정리하는 훈련이 된다면
이 세상 삶이 훨씬 아름답지 않을까요?
그런 우리들이 되었으면 해요.

뻔한 말이지만 모든 세상의 바꿈은 나 자신부터 아니겠어요.

육체적 습관이든
정신적 습관이든

이 짧은 시간에 습관들이 쌓이고 쌓여
적금처럼 더더더 불어있을
내 미래에 가득찬 모습을 상상하면
가진 것은 없지만
엘깡은 오늘도 평안합니다.

오늘도 소름끼치도록 맞는 말씀으로
나를 부끄럽게 하시는 주님
잊을만하면 말씀으로 쳐주시는 하나님
땡큐.

한 분이라도 느끼고 공감하고 위로받길 기도하며.

시편 1 : 1-2
복있는 사람은 악인들의 꾀를 따르지 아니하며
죄인의 길에 서지 아니하며
오만한 자들의 자리에 앉지 아니하고
오직 여호와의 율법을 즐거워하여
그의 율법을 주야로 묵상하는도다

02 : 2017. 02. 11 ──────────── 속사람

오늘은 시편 19장 1절~6절을 큐티했습니다.
하나님이 보이지 않는 세계에 대해 말씀해 주시려는 것 같았어요.

눈에 보이는 것만 믿고, 만져지는 물질로만 사람을 판단하는
이 짧은 세상 속에서
제 자신도 때때로 시험에 들곤 한다는 걸 고백합니다.
가증스러운 내 속사람과 수없이 싸우곤 하죠.

하지만
"어떻게 이렇게 아름답지?"
"어떻게 이런 일이 일어나지?"

하는 과학적으로 접근할 수 없는
많은 일들이 있잖아요,
장엄하고 오묘한 아름다운 자연 만물 역시
우연의 산물이 아닌
그것을 설계하신 인격적인 창조주가 존재한다는 증거라 생각해요.

온 세상의 만물이, 우리의 믿음이
마치 라디오 방송국 같다는 생각을 했어요.
보이지 않지만 우리 귀에 들리는 라디오방송처럼
우리에 마음 중심의 주파수를 하나님께 곤두세운다면
우리의 삶은 분명 세상이 주는 기준과 무관한
더 큰 기쁨을 누릴 거라 생각해요.

03 : 2017. 04. 20 ──────────── 복된 기회

판매만 하던 저는 블로그 친구들이 좋아지고 있어요.
자꾸만 일상 이야기를 하고 싶어요.

블로그 친구들은, 따스해요.
좋은 말. 예쁜 말만 해 주는 선한 사람들.
차가운 기계터치로 시작되는 공간에서
이토록 위로받고 따스함을 느끼다니
내 스스로도 놀라울 따름입니다.

사실은,
어머니 아버지가 동시에 사고를 당하셔서
힘들어하시는 분의 중보기도를 해 달라는 사연을
댓글로 접하게 되었어요.

잠시라도 기도해 드리며,
기도 요청해 주셔서 감사하고
기도해 드릴 수 있어 행복했습니다.

난 정말 복받은 사람인 것 같아요.
누군가를 위해 기도하는 일은
내 마음을 내주는 것이기에 복될 것이라 기대해요.
내가 뭐라고. 이런 복된 기회를 주실까요?

오늘은
잠언 3장 27절~34절을 묵상했어요.

―

네 손이 선을 베풀 힘이 있거든
마땅히 받을 자에게 베풀기를 아끼지 말며
네게 있거든 이웃에게 이르기를
갔다가 다시 오라 내일 주겠노라 하지 말며
네 이웃이 네 곁에 평안히 살거든 그를 해하려고 꾀하지 말며
사람이 네게 악을 행하지 아니하였거든 까닭없이 더불어 다투지 말며…

―

한참 껌 좀 씹던 중학교 시절에도 좋아하던 말씀인데
시와 때에 따라 늘 새롭게 다가온다는 것이
성경의 마법이 아닌가 싶습니다.

온전치 못한 저를
오늘도 깨닫게 하시는 주님.

가까운 가족에게도 베풀기를 꺼려한 적이 있진 않은지,
화내야 할 일에 화를 내고 있는 것인지
이것이 주님 보시기에 합당한지
내 자신을 돌아봅니다.

사람 보기에가 아닌 하나님 보시기에 떳떳한
내 자신이 되기를 바라며 기도해봅니다.

샬롬!
얼굴도 모르지만
이 글을 읽고 있을 나의 친구들에게.

04 : 2017. 05. 01 ─────── 그래도 감사

내 맘 같지 않고
내 뜻대로 되지 않는 일들이
그득그득 있었던 지난주였지만

너무 편안하기만 하면 하나님을 멀리할까
이 정도 근심을 주심에 오히려 감사하며 지낸 지난 4월.
이제 시나브로 5월이네요.

그런데 오늘은 왠지 다 귀찮고
한 구절만 보고 대충 자자!
하며 보니,

시와 때에 맞게 주신 말씀으로
내 걱정이 모두 부질없음을 다시 한 번 느껴봅니다.

 # 시편 42 : 5
내 영혼아 네가 어찌하여 낙망하며 어찌하여 불안하여 하는고
너는 하나님을 바라라
그 얼굴의 도우심을 인하여 내가 오히려 찬송하리로다

죽을 만큼 좋아했던 사람과
모른 체 지나가게 되는 날이 오고
한때는 비밀을 공유했던 가까운 친구가
전화 한 통 하지 않을 만큼 멀어지는 날이 오고

또 한때는 죽이고 싶을 만큼
미워했던 사람과 웃으며 볼 수 있듯이
시간이 지나면 이것 또한 아무것도 아니라고
말해주는 것 같아요.

행여라도 지치거나 힘듦이 있다고 해도
우리 모두 힘내며 내일을 반겨봐요.
힘을 내요!

05 : 2017. 05. 11 ──────── 의리와 자아도취

잠언 말씀은 모두 꿀처럼 달지만
특별히 오늘은 11장 4절 말씀을 묵상합니다.

재물은 진노하시는 날에 무익하나
의리는 죽음을 면케 하느니라

때때로 삶 속에서 의리를 저버리고 싶은
시험에 드는 순간이 찾아온다면,
그 시험은 하나님이 주시는 게 아니겠죠.
그냥 내 안에서 나쁜 마음이 갈등할 때가 있어요.

그 때마다 저는 이 말씀으로 버텨왔던 것 같아요.

얼마 전에 제 묵상 글을 보시고
큐티를 시작하셨다는 말씀을 전해들었어요.
그런 일이 있기를 바랐지만 막상 정말로 그러시니
솔직히 부담스러웠다고 해야 할까요?
저도 정말 별 것 아니고 엉망인 사람인데.

하지만 우리에겐 그분이 계시니
넘어지고 깨져도 다시 돌아오고 일어나보아요.
오뚜기처럼!

06 : 2017. 05. 26 ──────── 내 안의 두려움

아이들은 마루에서 놀고
나는 침실에서 무언가를 하고 있었던 것 같다.

"쿵" 하는 소리와 함께
뚱키티의 울음소리가 퍼져왔다.
놀란 나는 뚱키티에게 뛰어갔다.
유리컵이 깨져 있었다.

다행히 뚱키티는 크게 다치지 않았다.
나는 그 모습을 보며 생각했다.
뚱키티를 울게 한 것은 상처와 아픔이 아닌
두려움이다.

우리가 고민하고 걱정하는 문제들.
지나고 보면 별 것 아니거나
일어나지 않은 일들에 불과하다는 생각이 들었다.

얼마 전 친구에게 선물받은 구절이 떠올랐다.

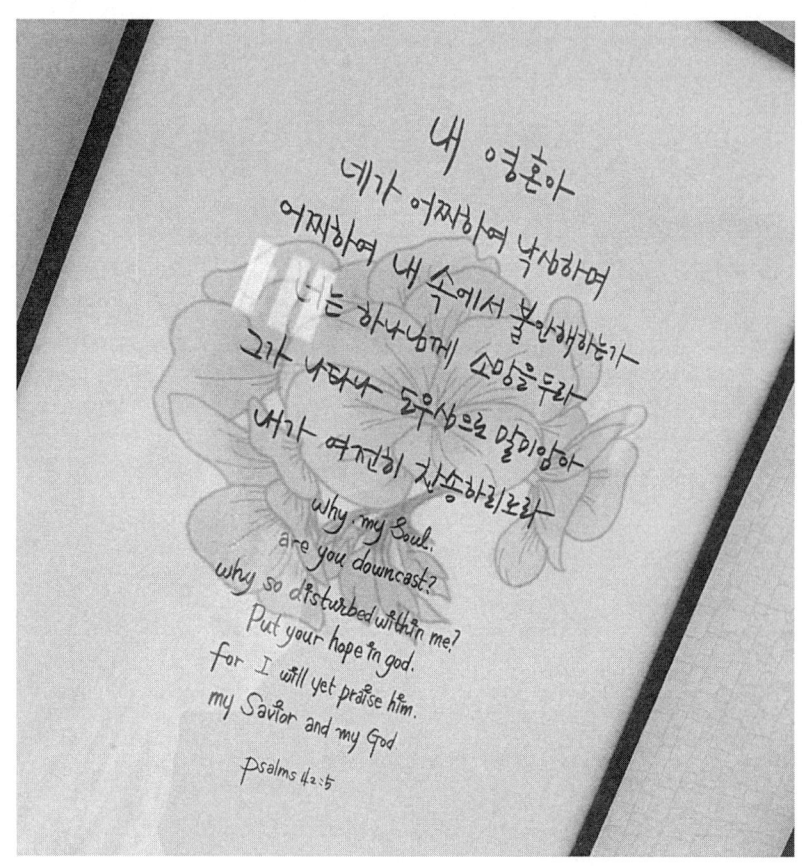

익숙하던 구절들이
가슴으로 새롭게 다가온다.
얼마나 많은 시간을 사악한 것들이 주는 두려움으로
농락당하고 낭비했던가?

내 안에 주님이 계신데,
믿는다면 우린 두려울 것이 없는데.

잠들 때면 좋은 생각으로
일어나면 감사한 마음으로 가득 채우며
우리가 당연하게 누리는 이 모든 것들이
누리지 못하는 이에게는 간절함일 수 있다는 사실을 상기하며.

감사할 일 99%인데,
나머지 1% 때문에 내 마음을 낭비하지 말자.

그게 설령 고난일지라도
감사할 수 있는 우리들이 되기를 기도합니다.

07 : 2017. 06. 20 ──────── 항상 유쾌하라!

남편과 함께 웃기.
함께 웃으며 친구처럼 지내기.

연애시절 사진을 들춰봅니다.

어쩌면 속궁합보다 더
부부간의 영원한 우정에 중요한 것이라 생각해요.

그리고 항상
너무 심각해지지 않기.

매우 중요한 부부생활의
때론 관계 속의
중요한 덕목이 아닌가 생각해요.

극한 상황. 기쁜 상황
어떤 상황에서도
위트있게 유머를 찾는 습관을 들일 필요가 있다고 봐요.

삶 속에서 고비가 와도
함께 웃을 수 있어야 합니다.

둘 중 한명은 개그로
치고 들어갈 수 있어야 합니다.
하지만 수위조절은 필수.
너무 파고들면 상대방이 불편하니까.

어떠한 상황이든
주님이 함께 계신다는 믿음.
주님의 계획이 있다는 믿음.
그 속에 여유를 갖고

고난도
기쁨과 감사로 맞이한다면
믿지 않는 자들에게 귀감이 되고

"항상 기뻐하라" 는 주님의 뜻에
부합되는 삶이 되지 않을까
묵상해 보았습니다.

오늘도 웃어봅시다!

 # 시편 118 : 24
이 날은 여호와께서 정하신 것이라
이 날에 우리가 즐거워하고 기뻐하리로다

08 : 2017. 07. 02 ───────────── 우선순위

사람은 90% 쯤
눈과 귀로 듣고
그로써 생각과 영혼을 지배당한다 생각해요.

그래서!
핸드폰, 게임. 영상물 등의 절제가 중요하다고 생각해 왔지요.

하지만 세상을 살며
세상의 것을 사랑하지 않기란
나이들수록 쉽지 않다 느껴요.

가장 시험에 들게 하는
베스트 오브 베스트는
뭐니 뭐니 해도 머니.

비교적 물질에 연연치 않고 자유롭다 생각했던

내 영혼도 썩어가고 있다고 느낀 오늘입니다.

―

딸이 이야기한다.
"엄마, 할머니 좀 도와줘. 일한다고 핑계대지 말고."

그 말에 뒷통수가 띵하다.
'그게 아니고 엄마는 너희들을 위해서, 이러쿵저러쿵'
'엄마가 핸드폰만 보는 것 같지만, 어쩌고저쩌고'

생각에 잠겨 있는 내가 의기소침해 보였는지
내내 눈치를 살피는 듯하던 딸이 귓속말로
"미안해."
하고 방으로 들어간다.

사과할 줄 아는 사람으로 성장한 게 마냥 기특했다.

물어보았다.
"은서야, 너 왜 미안해?"
딸이 대답한다.
"그냥 엄마랑 기분좋게 이야기하고 싶었어."

뭔지 모르겠는데 창피하다.
내가 지금 무언가 크게 잘못된 길을 가고 있나?
혼란스럽다.

우습지만 내 꿈은 현모양처였다.
하지만 현재의 나는
내 커리어 쌓는 일과 돈 버는 맛,
대중의 칭찬으로 산다.

하나님이 아닌
사람에게 잘 보이려고 하는 건 아닌지
성취감에 도취되어
우선순위를 잘못 잡고 있는 건 아닌지

내가 꿈꾸던 가정을 위해
가정을 우선시하고 있는지
훗날
내 열매들이 다 떨어지는 건 아닌지

다시 한 번
처음 사업 시작할 때의 마음을 잊지 않고

다잡아야겠단 생각이 들었다.

내가 좋아하는 전도서 말씀처럼
헛되고 헛되고 헛된 것을.

해 아래 모든 것이 이전에도 있었고
지금도 있었고 앞으로도 있을 바람같은 일인 것을 알면서도
진정 이기적인 방향으로
연연하고 있지는 않은지?

수시로 점검하여
우리를 노리는 악한 세력들로부터
단단한 사람이 되어야겠다고 다잡아보는 새벽이다.

―

다들 우선순위 잘 잡고 계십니까?
늘 우리를 노리고 있는
자연스럽게 우리 속에 들어오는 나쁜 세력들을
이겨내기를 기도합니다.

사실 지난달엔

여러가지로 지치고 힘든 일의 연속이었어요.
그러나
일어나지 않을 일에 대한 염려보다는
잘 될 거라는 믿음으로!

고난 속에 주님의 뜻이 있을 줄 믿고
두려움 없이 버텨왔죠.
결국 그 믿음이 열매가 되어
자연스레 해결되는 은혜와 더 큰 것 주심을
내 영혼이 느꼈습니다.

해결이 되지 않았는데 이리 말하는 걸 본다면
사람들은 미쳤다고 할 것 같아요.

하지만
내 안에 평안과 알 수 없는 기쁨이
하나님이 훈련시켜 주심이 감사할 따름입니다.
감사할 수 있는 마음 주심 또한 감사!

성경구절처럼
뱃속에 아기가 어찌 잉태되고 자라는지
우리가 알지 못하는 것처럼

키 커라, 커져라 한다고 아이가 크게 자라지 않잖아요.
때가 되면 아이들은 알아서 키가 크고
때가 지나면 커라- 커라- 해도 소용이 없죠.

들판의 꽃도 나무도
모두 그러하듯
내 아무리 기도한다 해도
주님의 계획과 뜻이 있다면
그 뜻대로 알아서 될 거라는
인도받는다는 생각.

그렇다고 기도해도 소용없다는 건 아니구요.
모든 일에는 이유가 있는 법.
나쁜 일은 없는 것 같아요.

추억 아니면 교훈
염려와 불안으로
세상의 방식처럼 쌓고 또 쌓고 싶은
쌓아 올리는 욕심에 급급하지 않고
주님이 주신 빼앗을 수 없는 기쁨으로
모두 풍족하시길.

저 또한 주님 앞에 한없이 죄인이지만
언제든 서로 말씀 나누고 한 분이라도 은혜 받는
선순환이 있기를 기대하며 기도합니다.

09 : 2017. 07. 17 ──────────── 영혼 청소

오늘은 잠언을 묵상했습니다.
악인을 의롭다하고 의인을 악하다 한 적이
제 삶 속에 있지 않았는지 뒤돌아보며
적어도 주님 보시기에 비굴한 삶은 살지 말아야겠다
다짐해 보는 바입니다.

오랜만에 화장대 먼지를 닦으며 생각했어요.
블랙 컬러 대리석이라 실은 먼지가 잘 안 보여
깨끗한 줄 알고 지냈는데
닦기 시작하니 끝없이 새까맣더라구요.

우리 영혼도 수시로 닦지 않으면
이렇게 더럽혀지겠구나…
이 세상을 살아가며
끝없이 갈등하며 먼지가 낄 터인데.

그래서 매일의 묵상습관이
참 중요한 청소도구가 아닐까 생각해 보았어요.

(비록 영혼 청소만 신경쓰고
현실 주변 정리정돈은 엉망진창이지만)

그리고, 정말 무서운 말을 들었어요,

살다 보면 있잖아요,
감사할 줄 모르는 사람들이 있잖아요.

하나님이 그 사람들을
왜 쉬이 벌주지 않는지 아세요?
감사할 줄 모르는
그 자체가 가장 불행한 벌이기 때문이래요.

무섭지 않나요?
나만 무섭나?

감사가 없는 삶
기쁨 없을

그 영혼
그 인생

더 이상 무슨 저주가 있겠습니까?

우리는
고난도 축복이라는 참진리를 깨닫고.
이 짧은 인생길에 집착하지 않는
그 곳에 가는 날!
큰 그림을 보며
매순간 감사하며 살길 기도해봅니다.

예수님의 진리 안에서
진정한 자유를 만끽하는 한 주가 되길 바래봅니다.

10 : 2017. 07. 26 ──────────── 배우자 기도

긴 하루였습니다.
배송 야근까지 끝나고
배송 아르바이트 직원들도 이제야 퇴근했어요.

땀범벅이가 되어 옷을 3번이나 갈아입으면서도
"핫요가를 한다고 생각하자"
"몸 안의 독을 빼자"
이런저런 위로로 버틴 하루.
그 와중에 아쿠아마린 원석 5점 불량이 발견되어
고객들께 내일 발송된다 연락드리고
과자 한 봉지와 바나나우유 원샷으로 끼니를 때우고
이제야 씻고 누워서 하루를 정리하며 씁니다.

머리는 나쁜 편에 속하지만,
약속 안 지키는 건 누구보다 괴로워하고 싫어하는 성격이라

손해도 많이 보고
주변사람을 달달 볶게 되는 면이 있는 것도 같아
반성했습니다.
이렇게 열심을 다해 지치는 날이면
꼭 신랑까지 거슬리는 마귀가 끼곤 하죠.

전 배우자 기도를 중학교 2학년 때부터 했어요.
내가 하는 일이 장난인 줄 아는
세상모르고 잠든 곁의 양반이 제 기도 열매랍니다.

어린 마음을 되짚어보니
딱히 잘하는 것도 특출난 것도 없어 머리를 굴리다
시집이라도 잘 가야겠다! 생각했던 것 같아요.

시집 잘 간다는 게 어떤 기준인 줄 모르겠으나
제 기도의 기준으로 본다면 잘한 게 분명!

그러나 가끔,
저도 미성숙한 인간인지라
하나님 말씀대로 신랑을 섬기기보단
대체 왜 저럴까, 욕하고 싶다는
생각이 들 때도 있어요.

그래도 난 믿음의 자녀니까
내가 죽어지는 만큼 상대는 변한다는
어떤 목사님의 말씀을 벗삼아
오늘도 저를 누릅니다.

노하기를 더디 하려고 부단히 노력하며.
제 선택과 맹세를 지켜보려 했던 날이었습니다.

결혼하지 않은 아가씨들, 그리고 내 자녀에게
배우자 기도의 중요성을 꼭 알려드리고 싶어요.

중학교 2학년 때 처음 8가지로 시작됐던 기도 제목들이
나이들수록 구체화되며

29살엔,
37가지 항목으로 늘어나 있더라구요.
결혼생활에 대한 집념이 대단했던 모양입니다.

한 가지씩 추가될수록
하나님과의 사이에 신뢰와 믿음으로
이루어질 거라는 확신과 응답하심을 느꼈습니다.

지나고 보면
정말 소름끼치도록 응답받았다는 것도
말씀드리고 싶어요.

"어? 이건 왜 안 들어주셨지?" 했던 두어가지 항목들도
무응답이 응답인지라
결국 응답받았다는 간증을 드리며.

11 : 2017. 08. 03 ─────────── 기도하는 부모

 # 로마서 8 : 28
우리가 알거니와 하나님을 사랑하는 자 곧 그의 뜻대로 부르심을 입은
자들에게는 모든 것이 합력하여 선을 이루느니라

1_ 방황의 이유

저는 감사하게도 모태신앙이었어요.

어머니가 뱃속에서부터 기도로 키워주셨고,
어머니의 기도로 위기를 모면하고,
똥통에서도 늘 구제받고 위기를 면했다고 생각해요.

사업하시던 아빠.
풍족한 가정에서 철없는 막내딸로 자랐어요.

그래서인지 아쉬움 없이
아무 생각도 없이
중학교 때 방황도 해봤고
친구들 좋아해 양껏 놀아도 보았어요.
껌 쫙쫙-

정말 음지의 직업을 택한 친구들도 있었지만
저는 또 이성에는 크게 관심이 없었어요.
그냥 친구들과 어울리기만 즐겼던 것 같아요.
저는 관심없는 건 안 하거든요.
공부에도 흥미 없고, 흥미 없으니 당연히 못하고.
해야 한다는 목적의식은 더더욱 없고
그냥 저냥 집안망신 안 시키게
4년제 나와서 시집만 잘 가면 되겠지
막연하게 흥만 가득 안고 잘 되겠지, 하며
안일하게 살았던 것 같아요.

그 와중에 전도는 많이 했는데,
지금은 전도받은 친구들이
저보다 더 바르게 신앙생활하며
교회에서 배우자도 만나고 했답니다.

제 방황의 이유가
이 친구들의 영혼구원이 아니었을까 변명해 봅니다.

하나님이 제게 주신 달란트는.
전도와 감사인 것 같아요.
제가 아는 하나님은요, 기도하면 응답하시는 하나님이었어요.

2_ 기도하는 부모, 믿어주는 부모

지나고 보니 제 신앙의 길라잡이는
제 어머니라는 생각이 들어요.
엄마를 통해 하나님의 인격을 배웠으니까요.

저도 자녀를 키우다 보니,
집안에 돌연변이였고 꼴통 중에 꼴통이었는데,
항시 귀하다, 특별하다
홀로 외로이 외쳐주셨던 엄마가 존경스럽고

엄마 덕분에 현실적인 상태를 모르고 살았던 게
얼마나 다행이고 감사한 일인지 모르겠어요.

알면 맨정신으로 못 살았을 텐데 말이지요.

3_ 고난은 축복의 문 앞, 하나님의 계획

중학교 때 친했던 친구에게서 1년만에 연락이 왔습니다.
죽고 싶대요.
지금의 상황이 너무 괴롭고 절망적이라고 했어요.
너는 요새 일도 잘 되고 좋겠다고 했어요.

친구에게 하나님의 계획하심에 대해 이야기했는데
친구는

.

.

.

.

꺼지래요. 듣기 싫었나 봅니다.

안 먹힐 줄 알면서도 하는 내가 싫었지만
답은 기도뿐이겠죠. 허허허

이런 생각이 들더라구요.
만일, 엄마 아빠의 능력이 주는 그늘에서 계속 살았다면
하나님이 말씀하신 부모를 떠난
온전한 가정을 이루지 못했을 것이고

내가 정말 잘했던 일, 자신있었던 일.
그걸로 성공적인 사업을 일구었다면
얼마나 교만했을까.

내 안의 교만함까지 아시고
작업하셨다는 것에 감사하고
내 너무 부족한 부분이 있는 걸 알기에
남들에게 묻고. 공부할 수 있고.
내 능력임을 절대 내세울 수 없다는 게
정말 감사했어요.

작은 것으로 크게 세우시는 하나님.

이 글을 집중해서 읽고 계신 모든 분들과의 만남이
주님의 계획이며

여러분 한 사람 한 사람의 영혼이
귀하고, 축복받으실 거란 말씀드리고 싶어요.

동이 트기 전이 가장 어둡듯
힘듦이 있어도
그것은 좋은 일이 생길 징조입니다.

이 어둠이 끝나면
축복이 펼쳐질 거예요.

그 믿음으로 오늘도 모두 승리하고 평안하길
주님의 이름으로 기도합니다.

12 : 2017. 08. 10 ──────────── 미움의 시각

잠언 20 : 16-17
타인을 위하여 보증 선 자의 옷을 취하라
외인들을 위하여 보증 선 자는 그의 몸을 볼모잡을지니라
속이고 취한 음식물은 사람에게 맛이 좋은 듯하나
후에는 그의 입가에 모래가 가득하게 되리라

잠언 20 : 22
너는 악을 갚겠다 말하지 말고 여호와를 기다리라
그가 너를 구원하시리라

정말 하나님 말씀대로 살면 잘못될 일 없다는 걸 늘상 느껴요. 그래서 성경통독의 절실함을 느끼구요.

하나님이 타인에게 보증서지 말라고 그토록 말씀하셨죠.

그래서 그런 게 철칙이었는데,
내 뜻대로 안될 때가 있어요.
나도 모르게 보증이 되어있거나…

아무튼 사단이 나려고 하면 당해내기가 힘들겠죠.
저 또한 그런 일을 겪어 보았기에
그 힘듦이 어떤지 잘 알고 있어요,

행여라도 누군가에게 억울하게
볼모잡혀 계신 분들이 있다면
분명 어떤 식으로든 해결될 것이니
힘내시라고 말씀드리고 싶고,

누군가를 미워하는 마음까지는 담지 말자.
그렇게 내 영혼까지 더럽히면 안 된다고
꼭 말씀드리고 싶어요.

세상을 살면서 어려운 일은
피할 수 없는 것 같아요.
누구에게나 어떤 식으로든 찾아오기 마련이죠.

문제는 그 사건을 대하는

내 마음의 태도에 결과가 달려있다 생각해요

누군가 내게 피해를 주어 미친 듯이 밉고 원망스러울 때
바라보는 시각을 달리하면 어떨까 생각해 봅니다.

예를 들자면, 우리가 실수를 하고 사고를 쳐도
친정엄마는
"아고, 어쩌냐~ 놀랬것다"
걱정의 마음이 크시지만
시어머니는
원망의 마음이든, 좀 다른 관점으로 보실 수 있잖아요?

이처럼 같은 결과를 두고 바라보는 관점에 따라
마음가짐이 달라지는 것을 보니,
그래서 모든 것이 마음먹기 나름이라는
말이 있나 봅니다.

미워하기보다는 사랑의 마음으로 덮어주고.
긍휼히 여기는 마음을 허락하셔서
우리의 영혼에 평안함과
포용하는 사랑이 가득 넘치길 기도합니다.

13 : 2017. 08. 30 ──────── 사랑의 시각

오늘은 마태복음 5장 13절 ~ 35절을 묵상했습니다.

하나님은 우리를 빛과 소금으로 비유하고 계십니다.
소금이 짠맛을 잃는다면.
빛이 빛을 잃으면 무슨 쓸모가 있겠습니까.

우리의 본질은 빛으로 세상을 비추고,
그 선함과 밝음으로 밝히길 원하시는 게
아닐까 생각해 보았습니다.

─

저는 금슬좋은 부부로 살고 있습니다.
이만하면 참 찰떡궁합이다 생각하며

감사히 여기고 살죠.
하지만, 어찌 다 좋은 점만 있겠습니까?

허물은 덮고,
달라지길 기도하며.
좋은 점만 바라보며.
인내하는 부분이 서로 있겠죠.

남편 때문에 열이 받는다면?
웬만하면 참고 살아냅시다.
길어야 50~60년 같이 사는데,
웬만하면 참고 살자고요.

찌릿찌릿 시절도 잠깐이고,
이제는 살이 닿아도
이게 내 살인지 네 살인지 모르겠지만
그냥 살아냅시다잉!

내 안에 미움이 들어찰 때,
사랑하면 귀해지고
덜 사랑하면 죄가 보여 미워지는 것 같아요.

우리가 죄만 보면 그 사람이 밉지만,
사랑의 눈으로 보면 그 죄도 불쌍해집니다.

하나님이 죄 많은 우리를 사랑하셔서
귀하게 여겨주시는 것처럼

우리도 미움보다는 사랑의 마음으로
세상을 대하는 은혜가 있기를 소원합니다.

미운 사람이 있다면
속히 용서하세요.
미워하고 분노에 사로잡히면
내 영혼이 상합니다.

분노에 사로잡혀
상해질 내 영혼을 위해 속히 용서합시다.

불안하고 럭비공처럼
불안하게 하는 사람이 아닌
치유와 회복과 평안을 주는
사랑 가득한 사람이 되게 해 주세요.

이 글을 읽고 계실
선택받은 분들.

우리 모두 그리되길 기도합니다.

14 : 2017. 09. 07 ──────── 고민하지 말아요

모두가 잠든 새벽이 참 좋아요.
애들도 자고 신랑도 자는
주님과 나만의 소통시간이니까요.

잠언 15장 1절~18절을 묵상했습니다.

―

유순한 대답은 분노를 쉬게 하여도
과격한 말은 노를 격동하느니라…
…가산이 적어도 여호와를 경외하는 것이
크게 부하고 번뇌하는 것보다 나으니라

―

화가 날 때마다 마음에 새기는.
일상에 가장 많이 적용되는 말씀이 아닌가 싶습니다.

이웃이나 사회관계 또는
교회에 대한 인간적인 애정이
어쩌면 하나님의 뜻을 찾는 데 방해될 때가 있어요

이렇게 하면 사람들이 어떻게 생각할까?

사람에게 잘 보이기 위한
삶을 살고 있지 않은지?

하나님은 우리가 무엇을 하는 사람인가보다
어떤 사람인가에 더 관심이 있으십니다,

어떠한 선택의 문제로 고민하고 있을 때
인간의 기준과 생각이 아닌
하나님의 마음으로
고민하지 말고
기도하고 맡겨보고
따르는 건 어떨까요?

분명 우리가 예상치 못한
더 귀한 꽃길로
우리를 인도하실 줄 믿습니다.
우리가 자녀들에게 그러하듯이 말이죠.

고민하지 마요. 어차피 우리 계획대로 안 돼요!

사실 이 말들은
제 자신에게 하는 말인 것 같아요.

유진. 너나 잘하자!

한 분이라도 공감하고 위로받고 나누며
선순환이 이루어지기 바래봅니다.

15 : 2017. 09 .16 ─── 빅 픽처, 크고 넓게 보기

오늘은 요한복음 14장 1~31절을 묵상했습니다.

크고 넓게 보기

한 남자가 있어요.
왕년에 좀 놀았던, 바람도 피웠던 그런 남자.
그런 남자는 대체로 의처증이 있다고 해요.
자기가 했던 행동들,
자기 기준으로 생각하기 때문이겠죠.

자기 식의 해석이 얼마나 무서운 것인가.

유다도 예수님을 은 30에 팔고,
순간은 이득이라 생각했겠죠.

하지만, 크게, 멀리 봐야 하는데

애닳던 어떤 관계 속에서도 사람이 미울 때면
그 관계를 다 뒤집고 안 보면 그만이지, 하며
실언을 할 때가 있죠.
저 또한 그런 마음이 들 때가 있어요.
하지만,
하나님이 주신 마음은 그런 게 아닌 것 같다는 생각이 듭니다.

큰 그림으로 멀리 본다면
이 장면과 순간을 역사로 본다면
흘려보낼 수 있는 부분이 꽤 있는 것 같아요.

뜨겁게 사랑했던 마음도 부질없듯이
뜨겁게 분노하는 순간의 내 마음도
큰 스토리로 보면
부질없겠다는 생각이 용서케 하는 밤.

아이들이 단잠을 깨울 때면
짜증도 나지만
이 아이와 나의 역사로 보면
소중한 순간이고

역사로 크게 보면
마음도 커지며
인내할 수 있는 것 같아요.

하나님이 우리네 삶 속에서 바라시는 것
눈 앞에 보이는 것에 현혹되지 말고
큰 그림으로 스케치하며
더 큰 마음 담은 지혜로움으로
더 큰 행복 담길 바라시는 게 아닐까 생각해 보았습니다.

내 삶의 철학이 있는 사람이 되고 싶습니다.
값비싼 명품보다는
명품보다 빛나는 미소를 짓는 사람이 되고 싶어요.
부끄러운 새벽감성… 누가 내 손바닥 좀 긁어줘요

아무튼,
그런 저와 여러분이 되시길 기도해봅니다.
멀리 봅시다!

16 : 2017. 09. 30 ─────────── 선교

오늘은 로마서를 묵상했습니다.

글을 쓰며 부족한 죄인인 저도
나은 사람이 되려 노력하게 되고
여러분들에게 전달해야 한다는 사명감을 갖고,
묵상에 집중하다보면
좀 더 예수님 닮은 사람이 되어간다는
착각 아닌 착각이 듭니다.

비웃는 분들도 계시겠지만
내가 믿음이 더 좋아서도 아니고,
하나님이 이렇게 쓰시기 때문에
여기 있는 것 같아요.
이 글을 읽고 계시는 여러분이 훨씬 훌륭합니다.

내가 있는 자리가 선교지

세상 사람들은 하나님이 싫은 것이 아니라,
하나님을 믿는 우리가 싫은 것 같아요.
세상에 진짜 의인은 한 명도 없다고 해요.
우리는 내가 피해받지 않는 선에서 남을 죽입니다.
저 또한 그중 한 명이었고,
끊임없이 비교하면서 그 속에 죄가 틈타기 시작하는 것 같아요.
누군가를 해하기 위해 이기기 위해
질투하고 그 죄에 함정에 빠져 죄를 짓고
악을 악으로 갚고,

하지만
예수님이 이렇게 말씀하십니다.

원수에게 필요한 것을 주고
악을 악으로 갚지 말라고…

예수님의 방법은 선함으로 감싸 안아 상대를 변화시키고
구원하는 것이 아닐까 합니다.

미운 사람을 떠올리며 오늘도 위로받습니다.

그리고 또 지나고 보면

굳이 내 손에 피 묻히지 않아도
37년 세상 살아오며 느낀 가장 확실한 진리는
뿌린 만큼 거둔다는 것이란 생각이 들었어요.

어떤 식으로든 남을 괴롭히거나
잘못한 사람들은 그 대가를 받게 되니까요.

내 마음에 미움을 남겨 두시지 않으려 하시는 주님이
참 고맙습니다.

본질적으로 우리는 육체를 입고 있는 죄인이기에
우리는 삶 속에서 수없이 그러지 않으려고 노력하고
아직 믿지 않는 영혼을 위해 복음의 사역자로써
예수님 닮기에 힘쓰며 선한 영향력을 끼쳐야 합니다.
계속 기도하고 말씀으로 새로워져야 할 것입니다.

예수님 믿는다고 완전해지지 않아요.
죽는 날까지 전부 과정이라는 생각이 들어요.

돈의 마귀

돈은 우리가 흔히 말하다시피
있다가도 없고, 없다가도 있는 흔들리는 가치입니다.
절대 돈을 쫓아서는 안 됩니다. 귀한 사람을 잃습니다.
흔들리는 것을 쫓으니
당연히 내가 흔들리겠죠.

믿음 시험

때로는 이런 사람이 있어요.
'저는 죄가 없고 교회도 열심히 다니고 한 가지 소원을 두고 평생을 기도했는데 왜 응답 안 해 주죠? 예수님이 있긴 한 건가요?'

그렇게 느낄 수 있습니다.
하지만 그건 어디까지나 인간의 생각인 것 같아요.
응답이 없는 건 아직 우리가 미완성이기 때문입니다.
주님 보시기에 완성이 된다면 시와 때가 되면
어련히 알아서 주실 거라고 생각합니다.

주부는 가장 위대한 선교사

내가 지금 있는 이 자리가 가장 귀한 선교지이자 예배지입니다.
요즘 학교폭력이 심각하죠. 왜 그럴까요?
우리가 각자 우리 아이들을 말씀으로써
가정을 예배지로 삼고 양육한다면
학교폭력은 사라질 거라 생각해요.

자녀를 위해 기도하고
믿음을 심어주는 것이 우선되어야 합니다,

평생 자녀들을 쫓아다니며 감시할 수 없잖아요.
모든 자녀들이 믿음 안에서 예수님의 말씀으로 함께 크며
보호받길 소원합니다.
폭력을 보고 가해학생을 비난하기 전에
내가 서 있는 자리에 가정을 돌보고
예수님의 선하심으로 물들인다면
분명 예수님이 가장 기뻐하시지 않을까요?

누구나 죄를 짓습니다.
사는 동안은 여전히 미완성이겠지요.

하지만
예수님의 인격 닮기에 힘쓰며
완성되도록 노력하며
복음 전파에 선한 영향력을 끼치는 삶을 산다면
이 짧은 세상
가장 가치있는 삶이 아닐까 생각해 봅니다.

믿지 않는 분들, 꼭 믿게 되실 거예요.
그리고 믿으셔야 합니다.

내 자녀를 위해,
또 내 영혼을 위해
눈에 보이는 이 세상이 다가 아닙니다.

꼭 믿으시길 소원합니다.

사람을 보고 믿지 마세요.
시험에 듭니다.
성경의 진리를 보고 믿으세요.

17 : 2017. 10. 09 ──────────── 완벽한 배우자

오늘은 골로새서 3장 12절~24절을 묵상했습니다.
사람을 대함과 부부관계와
가정에서 자녀를 향한 마음
세상 속에서의 마음자세를 다잡아 주는
인내의 미학이 숨어 있는 구절입니다.

─

연휴동안 TV를 정말 원없이 본 것 같아요.
그 중 〈너는 내 운명〉이란 프로그램에 나오는
강경준 커플을 보고 말았어요.

참 멋있더라구요.
모든 여성이 꿈꾸는 남자의 마인드가 아닐까 했어요.
외모 말고 인품 말이죠.

그리고 내 옆에
안마의자에 본드로 붙여놓은 것 같은 사람을 바라보다가
다시 나의 뺨을 칩니다.

우리는 배우자에게서 너무 많은 것을
완벽한 것을 기대합니다.

나는 오늘도 죄인입니다.
미안하다 내 덩치 큰 친구야.

현실을 똑바로 보고 파악할 필요가 있다고 생각했어요.

"왜 나는 이 사람과 결혼했는가?"
"내가 이 사람에게 진정으로 바라는 것은 무엇인가?"

배우자에 대한 우리의 기대는
비현실적인 대중매체의 광고와 방송들로 인해
완벽한 모습으로 만들어져 있는 것은 아닌지.
그래서 더 불만족스러운 건 아닌지….

앞에도 말했듯이
비교하면서부터 죄가 틈타기 시작합니다.

개개인을 특별한 존재로 바로 보지 못하고
누군가와 비교하고,
내 자신을 가여워하는
이런 습관에서 벗어나야 합니다.

하나님은 두 사람이 함께
한사람을 섬기고 존경하고
높여주는 가운데서
상대가 대하듯 높아지고 존중받는 사람으로
변화하는 과정을
그렇게 완성되어지는 과정과 노력을
완전한 가정으로 흐뭇하게 바라보시지 않을까 생각해 봅니다,

물론 말이 쉽죠.
그래도 노력합시다.

모든 것이 너무도 쉬운 세상
밤도 길고 낮도 길고
심심할 틈, 생각할 틈 없는 세상이
가끔 두려운 저랍니다

세상과의 소음은 잠시 끄고 눈을 감고
자기 자신의 마음의 소리를 들어보는
묵상을 모두 함께 한다면
얼마나 좋게요?

18 : 2017. 10. 16 —— 나를 왕따시켰던 고마운 친구

전 왕따를 당한 적이 있어요.
때는 바야흐로 1994년 중1때 즈음
늘 인간관계가 원만한 편이었고
친구들에게 인기가 많았어요.
왜냐면 제가 좀 웃기거든요.

어느 날부터였어요.
문제는 항상 여자 셋으로 시작됩니다.
a양과 c양 사이에 제가 존재했던 것 같군요.
질투가 많던 a양이 c양과 저를 이간질하는
뻔한 스토리 속에 왕따가 되어
거의 한 달을 쉬는 시간에 엎드려 지냈던 것 같아요,
사람 바보 만드는 건 한순간이라고
한 사람의 혀끝이
순진한 중1친구들을 휘어감는 건 순식간이었겠죠.

나와 밥 먹을 친구가 없다는 게
매점 갈 친구가
대화 나눌 친구가 없다는 게
그렇게 외롭고 서러울 수가 없었어요.
그 시기에 신앙이 가장 많이 성숙했던 것 같아요.

부모님께는 창피해서 이야기할 수 없고,
오로지 나 혼자 감당해야하는
지금 생각해도 가장 큰 괴로움이었던 것 같아요.

그렇게 한 달을 자의가 아닌 신앙훈련을 하며
결국, a양과 직접 맞짱을 뜨기로 마음을 먹습니다.
뜨아!
기도로 무장하니 무서운 건 없어지더라구요.
기도라는 게 참 영적인 부분이라서
눈에 보이지는 않지만 그토록 사람을 담대하게 만든다는 걸
그때 하나님께 배웠지요.

고린도후서 4 : 18
보이는 것은 잠깐이요, 보이지 않는 것은 영원함이니라.

당시 a양은 학교의 소위 짱이었고
전 그에 비해 작고 왜소했어요.
물론 지금은 제가 더 큽니다만

드디어 결전의 날이 왔습니다!

a양은 여느 날처럼
복도에 친구들과 대기하고 있다가
화장실 가는 저의 어깨를 고의적으로 밀치고 갑니다.
저는 기다렸다는 듯 준비한 대사를 칩니다.

"가만히 있으니까 가마니로 보이냐? 참는 데도 한계가 있다!"
대사가 참 너무나 중학생 같군요
그리고 계획대로 몸을 움직입니다. 어떻게 되었을까요?

뭐, 저의 완전한 승리였지요.

선생님이 오시고
선생님마저 제 편을 드시고
(모른 척하셨을 뿐 짐작하고 계셨더라구요)

학급 분위기는 반전되어
그 친구를 비난하는 분위기가 되었지요.
물론 c양과 오해를 풀었구요
그리고 저는 같은 사람이 되기 싫어
a양에게 손을 내밀어 화해의 핸드쉐이크를 했습니다.

더 재밌는 사실은, 참… 사람 일은 모르는 거예요. 그렇죠?
c양과는 소식도 모르고 지내지만
a양과는 절친한 친구로
지금까지 아무리 바빠도 한 달에 한 번은 꼭 보고
함께 신앙생활을 하고 있어요.

고난이 참 유익해요.
당시엔 죽을 만큼 힘들었는데,
결국 그 시기는 인간관계의 중요성과 혀끝의 무서움을
뼛속 깊이 느끼게 해주는 귀한 시간이었습니다.

잠언 15장 1절부터는 혀에 대한 말씀이 있는데
당시 그 말씀이 어찌나 와닿았는지
평생 마음에 새기고 살고 있지요.

저는 지금도 사람이 참 귀해요.

하나님 말씀처럼
친구가, 관계가 소중하고 사람이 귀하기 때문에
때때로 힘들기도 하지만
하나님이 그 친구를 도구로 사용하셨을 뿐이라 생각하니
미운 사람이 없더라구요.

내 인성을 업그레이드 시켜 준
관계 속의 큰 지혜를 알려준
그 친구를 어찌 잊을 수 있겠습니까?
고맙고 귀한 사람이죠.
그 친구는 그 사건이
이토록 제 인생의 큰 획으로 기억되는지 모를 거예요.

지금의 힘듦도, 지옥 같은 시간도
내가 어찌 흡수하냐에 따라 약이 되잖아요.

나무에서 가지를 찌르는 사물로 보기보다는
나무를 만드는 뼈대로 생각한다면
못 견딜 일이 없을 것 같아요.
"믿는 자에게 능치 못함이 없느니라"는 성경 말씀처럼
조금이라도 이 글을 보시고
힘이 되시길 기도해요.

19 : 2017. 10. 25 ──────── 하나님의 시간표

올해 좋은 일이 더 많았지만,
얼굴의 뾰루지마냥
안 좋은 일들이 더 부각되어 보이고 신경쓰이잖아요.

그런 문제로 심령이 상하는 것 같아요
그게 바로 사탄이 원하는 대로 흘러가는 거겠죠.

그 고난스럽던 일들을 해결하려
입으로는 주님께 믿고 맡긴다고 하지만,
온전히 맡기지 못하고
인간의 생각으로 판단하고 애쓰고 그랬었죠.

시편 말씀처럼 복 있는 사람은
악인의 꾀에 넘어가지 않고,
하나님의 말씀으로 무장해야 한다는 것도
그래야 내가 살 수 있다는 것도.

아무튼! 큰 결단으로 희생을 하고 해결이 되었어요.
홀가분한 마음 감출 길 없으나
이 고난 중에 배운 점이 더 많으니
고난이 유익했다고 말할 수 있다는 교훈을 얻었어요.
다 지나고 나서 생각하면 내 뜻대로 안 된 것들이 응답이고
뒤늦은 응답도 정확한 시간표가 되고
하나님이 각자에게 좋은 길로 인도해 주시는 거 같아요.
걱정 근심할 일이 끊이지가 않지만
그 와중에도 평안함을 주시는 게 너무 감사해요.
믿는 자의 축복인 듯합니다.

앞으로 인생 중 더 많은 고난들이 있겠지만
주님이 함께라면 담대해질 수 있어요.
주님과 나 사이에 의리를 다지며
아무것도 아닌 일상들이 당연한 것이 아님을 알기에
더욱 감사한 하루.

우리 모두 힘내고 버티자구요.
알잖아요, 지나고 보면 아무것도 아닌 거.
날 괴롭혀 준 분들에게도 감사해요.
당신들 밉지 않아요, 영혼 위해 기도할게요
행복해지는 일 하시길.

20 : 2017. 10. 31 ──────── 맹세를 지킬 기회

오늘은 욥기를 묵상했어요.
욥의 고난당함을 보며
내가 욥인 양 몰입해서 울기도 했고
재밌어서 읽고, 또 읽었어요.

어릴 적엔 우리 할머니나 어른들이
성경보고 밑줄 긋고 하시는 걸 보면
'할 일도 참 없으시다, TV에 재밌는 거 많이 하는데'
라고 생각했었는데

나이를 먹고, 자식을 키우다 보니,
막막한 인생길에 성경책이 없으면
어디서 위안과 해답을 찾을까… 라고 공감하게 됩니다.

─

욥은 세상에 부러울 것 없는 큰 부자였고

아내와 열 자녀가 있는 당당한 가장이었어요.
시련이 닥치기 전까지는요.

하지만,
사단은 그런 욥의 믿음이
하나님이 주신 축복받은 삶 속에서 나오는 여유일 수 있다,
시험해 보자 한 것 같아요.

그 때의 하나님 말씀을 들어보면
사단도 하나님이 지배하시며
하나님이 컨트롤하는 범위 내에서만
우리를 흔들 수 있다는 걸 느꼈어요.

많은 친구들이 욥의 고난을
하나님과의 관계로 분석하며 위로합니다,
10명의 자식과 재산을 모두 잃었지만
욥의 아내는 곁에 있었어요.
그때 욥은 아내로부터 절대적인 위로와
도움의 손길이 필요해보였어요.
재산과 자식을 잃고도 하나님을 원망하지 않던
욥에게 병까지 허락했거든요.

그러나, 욥의 아내는…

욥기 2 : 9
…당신이 그래도 자기의 온전함을 굳게 지키느냐. 하나님을 욕하고 죽으라

욥의 아내는 맹세를 지킬 기회를 저버렸어요.

―

우리는 결혼식에서 맹세합니다.
기쁠 때나 즐거울 때나 어려울 때도
검은 머리 파뿌리 되도록 사랑할 것을 맹세합니다.

저라고 마냥 좋아서 사는 것은 아니지만
우리 배우자에게 다른 모양으로
분명 어려운 일이 찾아올 수 있어요.

그때 우리의 첫 맹세를 기억하며
성공한 배우자가 되도록 지켜나가 보면 어떨까 생각했어요.

영적인 축복

인간의 생각의 한계를 느낍니다.
인간 기준의 세상 축복이 하나님의 축복과 다르다는 것을,

우리가 순종하고 옳게 산다고
반드시 세상 기준의 축복을 부어주시는 건
아닐 수 있다는 생각을 했어요.
욥의 고난처럼
우리 삶 속에서도 하나님이 비슷한 방식으로
깨달음을 주실 수 있겠지
우리 조정과 딜에 따라 움직이시는 분이 아니기에
당장은 힘들어도 세상 그 누구도
줄수도 빼앗을 수도 없는
하나님만이 주시는
영적인 축복을 놓치지 마셨으면 해요..

결국 욥은 2배로 더 축복받고
오래오래 잘 살았다는 해피엔딩이지요.

우리도 흔들리지 않는, 잘 될 거라는 신념으로 버텨서
결국 승리하는 인생을 꾸려보아요!

21 : 2017. 11. 08 ──── 안식일, 일주일에 하루

오늘은 요한일서를 묵상했어요.

우리가 말과 혀로만 사랑치 말고
행함과 진실함으로 사랑하라셔요.

형제를 미워하고
용서치 못했던 제 마음을 봅니다.

사실, 하나님 원하시는 대로 살려다 보니
부담과 죄책감에 시달릴 때도 있었어요.
무엇을 해도 편치 않은 마음이 자리잡고 있을 즈음.
말씀 속에서 해답을 발견했어요.

하나님은 자유이고 사랑이라는 것.
온전히 하나님이 허락하신 권세를 누리자는 것.

물론, 수시로 정신줄 붙잡아야겠지만요.

하나님은 자녀들에게 죄책감과 불안함을
주시는 분이 아니라는 것
그런 마음에 눌리지 말고
주님 안에서 자유롭자는 진리를 깨달았고,

주일 성수, 꼭 지켜야 한다는 것.
왜냐면 그건 보여지는 게 중요한 바리새인처럼
율법적인 개념이 아니에요.

안식일은 선물이란 생각을 했어요.
내 사업을 해보니 나는 나름 워커홀릭이어서, 하나님이 명령하시기 전엔 쉽게 멈출 수 없는 사람이라는 걸 느꼈어요.
바로 이것이 안식일의 본질이라 생각합니다.

안식일은 우리가 일주일에 하루
우리의 일을 멈추어야 한다고 말합니다.
주님께서 명령하신 일주일에 하루
온전히 주님께 드릴 수 없다는 건
말이 안 된다고 생각해요.

여기서 말하는 명령은 부모님의 강요로
지키는 주일이 아니라,
유대인의 안식일처럼,
우리는 세상과 일과 돈의 노예가 아니라는 것을
기억하도록 돕는 날.

우리는 자유하신 하나님 안에 속해 있고,
그래서 우리는 주님 안에서 참자유를 느낄 수 있다 생각해요.

내 안식일 속에
나 자신이 이 일보다 귀하고 중하다는 것,
일주일 단위로 나의 세상 얽매임을 끊어 주고
상기시켜줄 주님의 간섭이 감사하다는 생각을 합니다.

이조차도 주님이 대접받으려고 지키는 안식일이 아니었다는 것.
(그건 인간이 그런 이미지로 만든 것 같아요)
우리를 안식일 속에 영혼까지 쉬게 하시려 했다는 것을
주님의 그 섬세함에 다시 한번 감동 느끼며
주일의 예배가 습관과 부담이 아닌,

모두에게 세상과의 스트레스를 단절하는
귀한 하루가 되시길 기도합니다.

22 : 2017. 11. 16 ──────────── 사랑의 온도

> \# 마태복음 4 : 1
> 그 때에 예수께서 성령에게 이끌리어
> 마귀에게 시험을 받으러 광야로 가사…

낮잠을 자던 중
딸을 잃어버리는 꿈을 꾸었어요.
꿈속인데도 어찌나 울며 마음 졸였는지…

꿈에서 아이를 잃어버리고
나의 안위보다는 아이가 얼마나 무서울까
얼마나 불안할까
그 생각으로 더 괴로움을 느끼는 저를 발견했어요.

꿈을 깨고 묵상을 하다 생각했어요.
사랑하는 사람의 고통은
내 고통보다 더 괴롭구나
자식에 대한 나의
사랑의 온도가 뜨겁구나

마귀가 예수를 시험했었고
자신의 아들을 보낼 만큼 우리를 사랑하신 하나님,
우리가 세상 속에서 고통당하고 울부짖을 때
얼마나 괴로우실까…

사랑하는 자녀의 괴로움은 내 괴로움보다 더 괴롭다는 걸
오늘 꿈을 통해 체험케 해 주셔서 감사합니다.

―

모두 다 삶 속에 다른 모양의 고통이 있을 거예요.
아무리 기도해도 생활 속에 내 노력이 없으면
그 소원 이룰 수 없다 생각해요.

모두 주께 맡기라 하지만

무책임한 맡김이 아닐 거란 걸 우리가 더 잘 알잖아요.

내 인생의 설계로 꿈과 소원을 주시고 펼치라 하셨어요.
소망이 있다면 내 믿음의 소원을 갖고
노력하며 기도한다면 반드시 이루어 주실 거라 믿어요.

지혜로운 사람은 내가 할 일을 내가 하고 기도하고
어리석은 사람은 염려하지 말라 했는데
염려는 내가 하고, 기도하지 않고
이 차이가 아닐까라는 생각도 해 보았어요.

우리 염려하지 말고,
기도로 준비하여 지혜로운 사람이 되어
승리하는 삶을 살길 기도합니다.

―

 # 나훔 1 : 3
여호와는 노하기를 더디 하시며 권능이 크시며
벌받을 자를 결코 내버려 두지 아니하시느니라

―

하나님은 악에 대해서는 단호하십니다. 결코 죄와 함께 아니하시는 거룩한 하나님이십니다. 하나님은 우리와 함께 하시기 원하십니다. 그래서 우리가 죄에 가까이 하지 않기를 원하십니다.

우리가 죄 가운데 있을 때 인내하시고 기다리시는 하나님을 보게 됩니다. 그리고 악을 행한 자를 멸하시는 하나님을 보게 됩니다.

우리 하나님은 좋으신 분이십니다.

―

저 사실, 요새 누군가가 무지 미워요.
사람은 속일 수 있어도
하나님은 속일 수 없다 생각해요.

나도 미흡한 인간이면서 비난하고 죄를 식별하기보다는
그분의 판단과 심판을 믿고 기다리자 생각했어요.

물론 저를 도와주시는 지인들
많은 고객 여러분들
기자님들, 법무 관련한 분들, 많겠지요.

하지만,
하나님 말씀처럼 악을 악으로 대적하지 말라 하셨잖아요.
쉽지 않겠지만
하나님의 방법으로 안아보려 노력중입니다.

하나님이 알아서 하실 일이니까요.
이것이야말로 믿고 맡길 부분이지요.

죄 짓지 말고 삽시다!

23 : 2017. 11. 22 ──────────── 한 사람

전 유부녀예요.
당연히 시아버지도 계시죠.

예수님을 아직 모르시지만
제가 겪은 시아버님은 저의 말 한마디에 웃고
손주들의 장난에 웃음으로 화답하는
순수의 결정체 같으세요.

하지만,
아버님은 공권력이 엄청나던 시절
강력반 형사 출신이셨고,
때때로 과거의 무용담을 이야기해주세요.
아직도 전성기 시절을 잊지 못하시는 여느 어른들과 같아요.
저희도 그 길을 가겠죠?

어느 날
아버님이 청와대에서 나온 후

삼청교육대 사건을 이야기해 주십니다.

많은 사람을 잡았고,
고문도 불사하셨던 것 같아요.
역사 속 가장 많은 인권사건이 있던 시절.
현직에 계셨던 만큼 아버님께는 과거일지 몰라도
제겐 끔찍한 이야기…

이야기를 듣던 중, 저도 모르게 튀어나온 말.
"어머! 그럼 아버지는 나쁜 사람이었네요?!"

온 가족 분위기가 싸해집니다. 이놈의 주둥아리.

그리고 오늘 이 구절이
연계학습으로 가슴을 칩니다.

―

 # 에베소서 5 : 8
너희가 전에는 어둠이더니 이제는 주 안의 빛이라
빛의 자녀들처럼 행하라.

―

악마 같은 살인자가 있었습니다.
그는 사형선고를 받았고,
교도소에 갑니다.

그곳에서 하나님을 만나게 됩니다.
그리하여 새롭게 거듭납니다.

그는 그곳에서 놀라울 정도로 많은 사람을 전도합니다.

완전히 다른 사람처럼 달라진 그를 보고,
교도관들은 물론
많은 이들이 사형집행을 막아달라 합니다.

하지만 그는 결국 사형에 처해졌죠.

그러나 이 생이 끝이 아님을 잘 알기에
감히 짐작컨대
기쁨으로 심판을 받아들였을 거라 생각해요.

살인마도 그 사람이고,
복음을 전하던 사람도 그 한 사람.

인자한 시아버지도
무섭던 경찰도 한 사람.

모두 육체는 한 사람이지만,
그 안에 무엇이 자리잡느냐에 따라
다른 인생을 바라보고,
다른 결론을 가지고 온다는 생각을 했습니다.

죄수가 사형을 피할 수는 없었지만
그것은 행위에 대한 열매일 뿐,
(하나님은 죄 앞에서는 용서가 없으시죠)

큰 그림으로 볼 때는 완전히 다른 결말이겠죠.

내 안에 어떤 것으로 채우고
주인 삼으시겠습니까?

아름답고 선한 것으로 가득 채우는
여러분들이 되길
이 밤 기도해 봅니다.

24 : 2017. 12. 06 ──────── 갑과 을 = 을과 갑

시편 50장 1절부터 23절을 묵상하던 중
20절 '형제를 공박하고 어머니를….'
여기서 또 생각이 삼천포로 빠집니다.

갑과 을
을과 갑

세상 살며 늘 만나는 관계라는 것.
나이들수록 느껴요.
일적인 부분 말고, 가정사에서도요.

시어머니가 말씀하세요.
우리 큰며느리는 남자 형제가 없어서
남자 세계를 모르고 이해를 못하는 것 같다고요.
자신의 아들이 좀 더 대접받길 원하기에 하시는 말씀들이죠.

같은 며느리로써 항상 형님 편을 들었고

그런 미성숙한 대화 모습이 못마땅했던 저였지만,
곰곰이 생각해 보면
어머니도 여자형제 일곱에
아들 하나 있는 집의 자녀로 자라,
아들아들 하며
자라온 것을 보고 자란 증인으로서
형님에 대한 이해가 쉽지 않겠다고 느꼈어요.

우린 모두 달라요.
비슷할 순 있지만
하나님 안에 한 명 한 명
모두 귀하고 특별하게 지음받았기 때문에
다를 수밖에 없다고 생각해요.

어쨌든,
우리는 각각 다른 쪽의 삶을 뼈져리게 경험해 보지 않는 한
상대방 입장과 상황을 헤아려주기가 어렵습니다.

그런 점에서, 가진 것이 없는 사람도
가진 것 많고 평생 가난이라곤
경험해 보지 못한 부자를 헤아려주기 힘들지만

나만큼은 평생 남자를 떠받들고 산
어머니를 헤아려줄 수 있어야겠다,
그렇게 반응할 수밖에 없는
그분들의 의식을 이해하고,
맹목적으로 적대시하거나
비난하지 말아야겠다는 생각을 했습니다.

내 입장, 내 자존심
내 아픔에만 매몰되어 있으면
나를 조금이라도 불편하게 하고,
상처주는 사람들에게 적대적이 되고
분노할 수밖에 없습니다.

그러나 상대를 이해하게 되면
분노가 사라질 것입니다.

마음이 상하면
자존심 때문에 사람을 죽이기도 하고
죽기도 해요

더 나은 삶 우위에 있는 자라고
무조건적으로 이해하고 포용해야한다는 피해의식보다는

서로 이해하고 감싸는 것이
하나님이 원하시는 삶의 방향이 아닐까 생각해 보았습니다.

갑과 을
을과 갑

구분 없이 이해하고 긍휼히 여겨
누구도 상처받고 낙오되는 일 없길 기도합니다.

예수님의 이름으로, 아멘♡

25 : 2017. 12. 22 ──────────── 욕심

잠언 24장 1~32절을 묵상했어요.

 # 잠언 24 : 1
악인의 형통함을 부러워하지 말며
그와 함께 있으려 하지도 말지어다.

 # 잠언 24 : 12
네가 말하기를 그것을 알지 못했다 해도
마음을 저울질 하시는 이가 어찌 통찰하지 못하시겠으며
사람은 행위대로 보응하시리라.

 # 잠언 24 : 16
대저 의인은 일곱 번 넘어질지라도 다시 일어나려니와
악인은 재앙으로 말미암아 엎드러지리라

나는 악인인가, 의인인가?
평생 노력하며 훈련받아야 할 부분인 것 같아요.

세상을 살며 어찌 힘듦이 없겠어요.
그런 인생은 없다고 생각해요.

그래도 하나님 보시기에 합당한 삶을 살며
의인이 된다면
넘어져도 일어날 수 있는 힘이 생길 거라 믿어요.

행위대로 열매 맺을 우리 인생 잘 살아야겠죠?
그래서 더 매력적인 가방을 만들어 복음 전파하다가
이 세상 열매맺고 가고 싶구요

그리하여, 10월 기도제목에
"하나님, 저 방송출연해서 더 영향력있는 주님의 도구로 써주세요"
라고 허무맹랑한 기도를 했고
기도한 지 5일 정도만에 방송국에서 섭외전화가 왔었어요.

삶 속의 작은 간증입니다.

믿지 않는 분들이 보시면 미쳤냐고 반문하실 수도 있지만
부부관계 부부만 알듯
저와 하나님만 아는 부분이지요.

어제는 눈싸움하다 핸드폰을 잃어버리고
잃어버린 줄도 몰랐었는데
이런 생각을 했었어요.

눈사람을 만들며
처음 가벼운 눈가루가
뭉치고 굴릴수록 눈덩이처럼 불어나는 것을 보며
아, 이래서 눈덩이처럼 불어난다는 말이 있구나
빚도 눈덩이처럼, 욕심도 눈덩이처럼…

———

오늘 있었던 일.
제 슬하에 아들, 딸 두 명의 자녀가 있는데
둘이서 좋아하는 과자를 먹을 때
동생이 앞에 과자를 두고도 누나 과자를 뺏어먹는 것이었어요.

그래서 딸아이가 화내며 남매는 다투었죠.

"누나꺼 안 돼? 그럼 엄마꺼 먹을게."

그 모습에 저도 화가 났어요.
왜냐면 저도 좋아해서 아껴먹고 있었거든요.
누나가 화장실 간 사이에 동생이 자신의 과자를 먹지 않고
누나 과자를 몰래 가져다 쟁여두는 모습을 보았죠.

그 모습을 보며
어쩌면 그게 바로 우리의 본성이 아닐까,
그리고 나도 별로 다르지 않은 사람이란 생각이 들었어요.

이미 풍족한 것들을 누리고 있으면서도
더 가지고 싶어 조급해하는 욕심.
넘치도록 가지고도 누군가 내 것을 취하려 할 때
기쁨으로 나누지 못하고 분노하는 욕심.
서글픈 우리의 자화상이 아닐까 생각해보았습니다.

아들, 어차피 배부르면 남기고 버릴 거면서
활짝 웃으며 나눠먹자고 하자!

모든 기쁨으로 나누고
악인의 잘됨을 부러워 말고

악과 타협하지 않는
주님의 담대한 결단과 분별력을 우리에게 허락하시길…

눈덩이같이 불어나는 욕심과 자만을
하나님 사랑 나눔으로
눈덩이처럼 불려나가는 우리들이 되길 기도합니다.
예수님의 이름으로, 아멘.

26 : 2018. 01. 05 ──────── 보이지 않는 먼지

시편 62장 1절~12절 말씀을 묵상했습니다.
마지막 12절 말씀이 특히 와닿았습니다.

*주의 인자함은 주께 속하오니
주께서 각 사람이 행한 대로 갚으심이니이다.*

아이들이 방학을 맞아 집에서 좀 더 많은 시간을 보내다 보니
보이지 않았던 먼지가 보여요.

컴퓨터 모니터 위, 소파 밑, 침대 밑
방문 뒤편 모서리, 문틈 사이 방구석 몰딩 사이
참 먼지는 구석구석 많다는 생각을 했어요.

며칠 전 본 〈신과 함께〉란 영화에서처럼
육신의 죽음 뒤에 있는 보이지 않는 세상.

믿는 자는 하나님이 계신 천국이요
믿음이 없는 자는 저승이라 하는 곳

결국 천국의 반대말이 지옥이고
지옥이 반대말이 천국인데
이승이든 천국이든 믿든 믿지 않든
죽음 뒤엔 다른 세계가 있고
그 세계에 천국과 지옥 같은 개념이 있다는
그런 죽음 후의 세계를 다룬 영화죠.

그 영화를 본 후,
집안에 먼지를 닦아내며
보이지 않는 세계
보이지 않는 먼지
우리가 보지 않는 부분일 뿐이지
존재하고 깨끗이 해야 한다는 생각을 했어요.

물티슈로 한번 싹 닦으면 깨끗해질 것을

보고도 못 본척할 때가 있고
회개하고 하나님께로 가면 끝나는 것을
나 자신의 아집과 짧은 세상에 연연해 죄를 짓는 인간의 모습
과 먼지가 별반 다르지 않다는 생각이 들었어요.

미래에 대한 확신이 있는 사람은 불안과 두려움이 없습니다.

하나님을 믿고 구원의 확신이 있는 사람은
죽음에 대한 두려움이 없는 것처럼요
우리의 마음은 주님 안에서
쉼을 얻기까지 결코 평안할 수 없습니다.

이 글을 읽는 모두가
새해엔 주님이 주신
누구도 흉내낼 수 없는 평안을 맛보시길 기도해요.

27 : 2018. 01. 15 ——————— 기도와 기부

세상을 살다보면
사업을 하다보면
모든 사람을 사랑하긴 힘들죠.
저 역시 사랑해야 마땅한 형제가 미워지는 일이
작년에 있었어요.

그래서 더 말씀에 매달리고,
말씀 전달을 통해 여러분께 전파하며
제 스스로에게도 주문을 외웠던 터

묵상을 통해 여러분의 많은 고난을 위로하며
저 또한 위로받았구요
그래서 우리 사이 보이지 않는 끈으로
더 단단해진 것 아니겠어요?

지나고 보니, 결론은 용서였어요.

누군가에 대한 미움을 내 마음 그릇에 담지 말자,
누군가를 미워하고 마음이 한으로 매이면
내 영혼이 병들어요.

여러분, 우리
내 인생을 망쳤다고 생각한 원망스러운 누군가가 있다면
사랑은 못해도 용서함으로 내 마음에 나쁜 세력이 좋아하는
복수심과 원한으로 묶이고 놀아나지 말아요.

대출엔 매여 있어도
영혼은 그 어떤 것에도 매이지 말아요.

주님이 우리 죄를 용서해주신 것처럼
우리도 그 사람을 용서해 주자고요.

송구영신

교회에 다니면 한 해를 마감하며 새해를 맞이하는
송구영신예배라는 것이 있어요.
올해도 어김없이 설레는 마음으로 참석했죠.
주신 말씀 곱씹는 오늘, 함께 나누고 싶었어요.

너무 희망적인 말씀 아닙니까?
구하고 두드리고 찾으면, 주신대요.
내가 무엇을 구하고 찾을지는 본인 몫이겠지만요
받았다고 생각하는 것도
본인 마음의 저울에 달려있다 생각해요.

때로는 시간이 지나고 보면 무응답이 응답인 것처럼요.
애끓던 첫사랑과의 간절한 기도가 이별로 끝나고,
주님께 응답 못 받았다 원망했겠지만
지나고 보니 대머리 아저씨가 된 첫사랑을 발견한 날
"응답받았도다" 하는 것처럼!

기부

작년엔 여러분과 함께한 사업장 덕분에
천만 원이 넘는 돈을 헌금 형식으로
어려운 곳에 기부할 수 있었어요.

사실은 왼손이 한 일 오른손이 모르게 하라 하신 터라
이런 걸 공개하는 것이 굉장히 유치한 것 같기도 하고,

누군가에게 자괴감을 줄 수도 있다 생각해 조심스러웠지만,
올해부터는 제 자신 칭찬 좀 받고 싶고, 인정도 받고 싶어서

2018년!
5000만 원 기부를 목표로 여러분과 함께 달려보고자
이렇게 투명하게 공개하고 말씀드려 봅니다.

아직도 세상적이고 죄 가득한 제가 한 것이 아니고,
주님이 움직이신 것이고,
여러분 마음이 동요해 함께해주셔서 가능한 것이란 걸
거듭 강조하고 싶어요.

여러분 모두 멋지시고,
우리 모두 이만하면 훌륭하고,
주님이 내게 허락하신 물질 헛되게 쓰지 않을 터이니
올해도 힘들고 버겁겠지만
함께 잘 버텨보자고요.

장사치로 남고 싶지 않습니다.
이 일을 그만두더라도 멋진 사람이 되고 싶습니다.

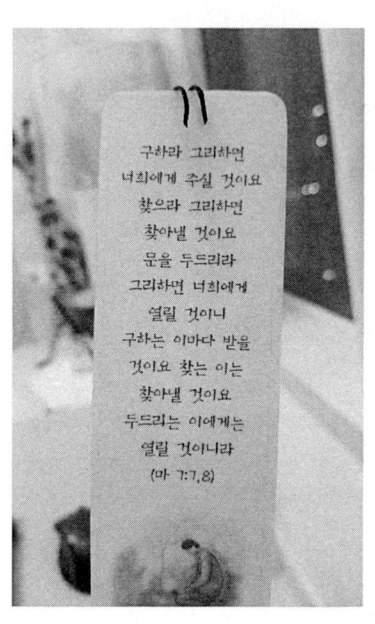

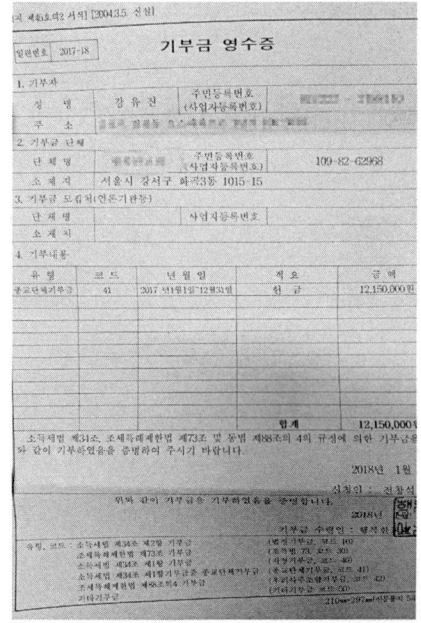

28 : 2018. 1. 23 ─────── 기다림의 미학

제 신랑은 성격이 무척 급해요.
주일날 함께 교회 가는 길
신호가 걸릴락 말락 하면
스포츠카처럼 슝~ 쌩~

저는 의외로 겁이 많고 심하게 느긋한 성격인지라
그 부분에서 트러블이 있어요.
운전을 그렇게 하는 사람 보면 화가 나는데
그게 제 신랑이더군요.

그래서, 차 탈 때마다 눈을 감아버려요.

아이들과 함께 타고 있는데 그러는 게 이해가 안 되기도 하고
싸움이 될 수 있고 극도의 스트레스가 되니
그냥 차라리 자자, 하고 내려놓은 상태였죠.

올해는 제가 유치부사역을 하고 있기에
주일날 먼저 교회 가는 길에 시간을 체크해 보았어요.

신호 턱걸이해 급히 가도 15~20분.
신호 다 지키고 친구와 이야기하며 여유 있게 가도
15~20분인 것을

차라리 신호가 걸리면 화장도 수정하고,
기도할 틈도 생기고
산만하지 않게 예배가 더 잘 된다는 것도 알게 되었어요.

———

시편 37 : 8
화를 내지 말고 분노를 그쳐라.
이것은 악으로 치우칠 뿐이다.

———

요즘은 사실 좋지 않은 의미로 한가한데요,
막상 한가해지니 초조함보다는
앞만 보고 달려온 제 사업장의 문제점을 뒤돌아보고

장점과 단점을 적어보고, 시간적 여유로 낮잠도 자고,
아이들과 기독교 백화점 가서 성경공부 책자도
새로 구입해 함께 말씀을 중심에 심게 되고.
오히려 마음이 평안한 것 같아요.

기다림의 아름다움.

멀리 보면 어차피 주님이 인도하실 내 길 정해져있는데.
안 되면 안 되는 대로의 여유로운 자아성찰의 시간.
되면 되는 대로 감사함의 시간,

세상에 나쁜 점만 있는 일은 없다는 걸
다시 한 번 상기하며.

―

 # 잠언 4 : 21
그것을 네 눈에서 떠나게 하지 말며
네 마음 속에 지키라

 # 잠언 4 : 23
모든 지킬 만한 것 중에 더욱 네 마음을 지키라
생명의 근원이 이에서 남이니라

―

이런 마음을 느낄 수 있게 해주신
예수님이 제 맘속에 계시다는 것이
내가 알고 있다는 사실에
말로 형용할 수 없는 감사함으로 행복합니다.

세상에 가장 목숨 걸고 지켜야 하는 것은
부질없는 돈도 사람도

그 어떤 것보다
주님의 말씀으로 내 마음을 지켜내야 하겠다고 생각합니다.

사람에게 잘 보이려 하지 마세요.
하나님께 잘 보이는 행동으로 이 세상을 살아간다면
모든 것이 따라올 거라고 확신합니다.

고난 중에도 평안할 수 있는 마음
이게 바로 믿는 자의 축복이 아닐까요?

같이 느껴봐요!

29 : 2018. 01. 29 ──────────────── 습관

요한복음 14 : 1-4

너희는 마음에 근심하지 말라
하나님을 믿으니 또 나를 믿으라
내 아버지 집에 거할 곳이 많도다
그렇지 않으면 너희에게 일렀으리라
내가 너희를 위하여 거처를 예비하러 가노니
가서 너희를 위하여 거처를 예비하면 내가 다시 와서
너희를 내게로 영접하여 나 있는 곳에 너희도 있게 하리라
내가 어디로 가는지 그 길을 너희가 아느니라

어릴 때 습관은 평생 가죠.
먹는 식습관,
비오는 날 비 맞을 수 있게 허락해줬던

엄마의 배려로 행복했던 기억들
아침에 날 깨우던
조수미 뺨치던 엄마의 가성과 믹스된 피아노 소리
그때는 일상이었던 것들이
지금은 행복한 기억으로 버티는 힘을 주고
아침에 눈뜨면 음악을 켜는 습관이 되어 있어요.

물론,
예술가랍시고 늦게 자던 습관으로
아이들 유치원 못가는 날도 많은
나는 너무나 인간적인 사람이자 엄마이지만

그 중 가장 좋은 습관은 기도하는 습관.
어릴 때부터 기도하던 습관은 계속되었어요.
꼭 정중히 무릎을 꿇지 못해도 습관처럼 하나님과 대화하고
한참 놀던 시절 술에 취해 술집 화장실 거울을 보며
"하나님 나 이래도 돼요?" "오늘 저 싫죠?"
하며 기도했던 기억이 있어요.
다음날 아침에 지난밤의 기억으로 이불을 차면서도
내 마음 좀 어떻게 해 달라고 징징거리며 기도했었죠.
하나님도 참 더러운 꼴 많이 보셨을 것 같아요.

첫아이를 키울 때
밤잠을 설치는 극기훈련이었지만
업고, 안고, 기도로 대화하며
버틸 수 있었던 것 같아요.

아이를 키우며 몸이 너무 고되다 보니
와, 내가 이것도 하는데
공사판에서 노가다도 할 수 있겠다
생각했던 때가 있었는데

과거 연애시절
내 뜻대로 안 되는 불안한 밤
아이들이 태어난 날
어린이집 처음 보내는 날
셀 수 없이 많은 날들
오직 하나님을 신뢰하는 것 외에는 다른 선택이 없었죠.

하지만 하나님을 신뢰하고 그분께 온전히 맡겼을 때,
나의 마음 속엔 평화가 찾아들었어요.

많은 기억 속 모습이 떠오르는 밤.

어수선한 글이지만
좋은 습관
행복한 기억들을 아이들에게 물려주고 싶다는 말을 하고 싶어요.
이 묵상도 습관이 되어 좋은 열매 맺기를 꿈꿔 봅니다.

30 : 2018. 02. 13 ──────────── 노련한 방귀

이번 물건이 나오기 전까지
주중에 짧게 친구와 아이들만 데리고
괌으로 야반도주를 했었어요.

친구와 여행은 참 좋았어요.
그냥 특별한 계획 없이도
지나가는 사람만 봐도 웃음이 나고 좋더라구요.
애들도 웬만큼 성장해서인지 어디든 다닐만한 것 같아요.

고등학교 친구와 갔던 만큼
모든 것이 에피소드가 되었어요.

하루는 슈퍼마켓에 장을 보러 갔는데
방귀 냄새가 코를 찌릅니다.

친구와 저는 아이들을 보며

"너냐?" "누구냐?" 서로를 의심했지만
아이들까지 모두 결백을 주장하고
그 과자코너를 지나가던 행인들을 의심하기 시작합니다.

레이더망에 들어온 이가 있었으니
연세 드신 아버님인데,
친구와 동시에 아무 말 없이 그 자리에 주저앉아 웃었어요.

친구 왈, "이 냄새는 노련한 방귀다"
방귀냄새와 관상이 100%일치한다며 얼마나 웃었는지 모릅니다.

숙소로 돌아와서는 연예인 이야기로 시작되어
남편에게 아쉬운 점으로 죄책감이 드는 뒷담화가 마무리됩니다.

하고 나면 찝찝한 남 이야기
결국 나에게 돌아오는 뻔한 진리를 알기에
하지 않으려 무척 자신을 누르는데

이 친구만 보면 솔직함으로 포장해서 남편 이야기를 합니다.
"그래, 이게 뭐 있던 사실이고 내 마음이 그런데 뭐."
고마운 남편으로 시작해
개그로 포장해서 할 말 다하고 미안함으로 마무리.

참… 주님 자녀답지 못한 행동인 걸 인정합니다.
아직 멀었습니다.

돌아오는 비행기에서
옆 아이가 울고, 뒷좌석 아이가 발로 차는 탓에
잠시 욱 하고 올라오던
아직도 다듬어지지 못한 마음을 보며
또 마음을 잡습니다.

내 아기도 그랬었는데
내 아이가 조금 크니까 네가 망각하고 또 이러는구나.
유진아 너는 방귀 안 뀌니?

누가 누구에게 이러나 싶은 생각에 또 내적 갈등이 일어납니다.

어느 날은,
한 고객의 무례함에 "팔기 싫으네" "사지 말지"라는
생각이 드는 어떤 날
온전히 감사함으로 받아들이지 못하고
상대를 이해하지 못하는 내 못난 마음

불쑥 튀어나온 내 마음 속 사람을 보며 회개합니다.
세상 속에 살며 매일매일이 유혹이고 순간순간 죄를 짓습니다.
그래서 하루에 한 시간 묵상이 꼭 필요한 것 같아요.
특히 저 같은 죄인은 그래요.
주님만이 저를 치유하시고 바로 세우실 수 있다는 것을
누구보다 제 자신을 알기에
이런저런 무거운 마음의 생각과 즐거움
내 마음 속 미운 사람과 마주 대하며
오락가락하는 많은 생각을 담고
집에 돌아와 성경을 폈습니다.

그런데, 이 말씀이 또다시 저를 칩니다.

―

전도서 4 : 9-12
두 사람이 한 사람보다 나음은
그들이 수고함으로 좋은 상을 얻을 것임이니라.
혹시 그들이 넘어지면 하나가 그 동무를 붙들어 일으키려니와 홀로 있어
넘어지고 붙들어 일으킬 자가 없는 자에게는 화가 있으리라
또 두 사람이 누우면 따뜻하거니와 한사람이면 어찌 따뜻하랴
한 사람이면 패하겠거니와 두 사람이면 맞설 수 있나니
세 겹 줄은 쉽게 끊어지지 아니하느니라

―

사실상 아무것도 보장할 수 없는 결혼생활이란 걸 하며
인생에서 고통은 피할 수 없는 것이란 생각이 들었어요.
여러 가지 고난, 질병, 추운 날씨, 재정, 여행
여러 요소요소에서 옛 성품이 튀어나오기도 하고.
이것들을 견디기 위해서는 용서하는, 이해하는, 유머로 넘기는
절대적 은혜가 필요하다는 생각을 했어요.
서로 힘들 때 배우자를 격려해 줄 수 있는 은혜

외모가 못나보일 때 눈 감고
정으로 감싸줄 수 있는 은혜

순간순간 주님이 주신 주님 닮은 마음의 은혜가
삶의 폭풍 속에서 우리를 날아가지 않게 지켜주시리라 믿습니다.

노련한 방귀 말고
노련한 은혜 어떨까요?

주님, 제 첫 마음 맹세처럼
신랑을 평생 사랑하는 은혜를 주시옵소서.
라고 기도하며 자야겠습니다!

31 : 2018. 02. 19 —— 답을 아는 사람은 담대하다

요한복음 3 : 8
바람이 임의로 불매 네가 그 소리는 들어도 어디서 와서
어디로 가는지 알지 못하나니 성령으로 난 사람도 다 그러하니라

성령이 움직이는 자

사실 화장품 사업 제의도 많이 받았었고
스스로도 자신있던 제품이 있었기에
소신있게 시도해봐도 좋을 줄로 착각했어요.
하지만 다른 때와 달리 여러 가지 막힘과 인도받지 못함
평소답지 않게 이유없이
정리되지 않던 나의 머릿속.

영적으로 맞지 않는 사람들을
마구 마구 보내주심들…

오늘 이 말씀을 묵상하며
"아, 이게 성령의 인도하심이 아니구나"
뒤늦게 깨닫는 밤.

아 이게 내 욕심이었구나
내가 합리화하며 욕심을 부리고 있었네요.

초심으로 돌아가
내게 맡겨진 패션잡화 사업과
복음사역만 전념하기로 다짐하는 밤입니다.

주님 가르침은 늘 놀랍고,
답을 아는 사람은 늘 담대합니다.

—

사순절입니다.
저도 평생 놀던 버릇이 있어 거룩하기란 쉽지 않지만

우리를 위해 십자가에 못박혀 돌아가신 예수님을 기억하며
작은 마음의 변화와 노력이 동반된다면
주님 보시기에 기쁘실 거라 믿습니다.

32 : 2018. 03. 02 ─────── 내려놓을 수 있는 은혜

사실 작년에 보증을 잘못 서는 바람에
3000만원을 갚아준 일이 있었어요.
더 되지만 그 정도라고 해두고,

성경에 보시면 하나님이 수시로
보증서지 말라 하셔요.

잠언 11 : 15
타인을 위하여 보증이 된 자는 시비를 당하여도
보증되기를 싫어하는 자는 평안하느니라

그리하여 전 중학교 때부터
보증이 무언지 명확히는 몰라도
마음깊이 담고 살았는데,

사람이 뜻을 계획해도 내 뜻대로 되지 않을 수 있죠.
나 모르게 보증이 되어 있더라는…
영화같은 것 그게 또 인생 아니겠어요.

잠언 16 : 1
마음의 경영은 사람에게 있어도
말의 응답은 여호와께로부터 나오느니라

아무튼 지금은 웃지만

그때는 마음이 좋지 않았죠.

돈도 아깝지만 돈의 문제가 아니라

나를 속였다는 그 배신감이 마음을 상하게 했었구요.

그런데, 살다보면 별별 일이 있지 않겠습니까?

그래, 내가 그냥 주고 끝내자

더 이상 울고 짠들 어쩌겠냐.

뜻이 있겠지, 나한테 필요하니 이리하시겠지

이렇게 쿨한 결론으로 마무리짓고 잘 지냈어요.

그러던 그 해 12월 어느 날

지인이 어떤 투자에 관련한 이야기를 나누고 있더라구요.

제가 고지식한 면이 있어서 투자같은 건 못해요.

그날 그날 사는 노가다 마인드라 큰 계획도 없구

이 순간순간이 행복해야 한다는 마인드라

그런데 이상하게 그 때는 한치의 망설임도 없이

자발적으로 하고 싶더라고요.

저한테 이야기한 것도 아닌데 말이죠.

그래서 바로 하게 되었어요.

그런데 신기하게도 그 지인은 떨어지고
저는 조건이 될 수 없는 상황이었는데
딱 되어버린 거예요.

그래서 다들 희한하다 했었고,
너네 주님 대단하다 해서 기분이 좋았죠.

근데 그때 제가 마음속으로 생각했어요.
하나님이 손대셨구나.
이익이 작년에 떼인 돈 3천이 되면
나는 욕심부리지 말고 빠져야겠다.

사실 주님이 욕심 섞인 투기를 권장하시지는 않으시니까요
이게 나쁜 건 절대 아닌데
전 이미 주님이 간섭하시기 때문에
제가 더하면 욕심이거든요.
그리고 드디어 그 시점이 왔네요.

그 때 순간, 고민하는 저를 발견했어요.
몇날 며칠 동안 마음이 흩어져 있었어요.
집중이 되지 않았어요, 주님은 자꾸 말씀하시는데.

제가 못 들은 척해요.
자꾸 신랑 핑계를 대면서요.
고민하는 제 자신이 고민이었어요.

기도도 잘 안 되고
그냥 하나님이랑 이야기하기 싫어서
피하고 싶었던 것 같아요.

그래도 이러면 안 되지, 하고
흩어진 마음이 신경쓰여
다시 기도를 했지요. 이렇게요.

엘깡 : 하나님 저 5천까지만 이득 보면 안 될까요?
주님 : 안 된다.
엘깡 : 하나님, 저 이만하면 착하게 살았잖아요~ 4천까지만 안될까요?
주님 : 안 된다.

그렇게 일주일이 지나고
결론은 딱 주님과 제가 약속한 거기까지
보증서서 떼인 돈 찾고 끝내기로 했어요.

결론은 참 감사하죠!
이게 주님입니다.

속상해도 쿨할 수 있는 이유.

제 삶이 바르다면, 주님이 어떤 식으로든
(꼭 돈이 아니라 어떤 깨달음으로라도)
채워주실걸 믿을 수 있는 것!
그래서 늘 담대할 수 있는 것!
이런 기적 같은 소소한 일들이 제 삶 속에 많아요.
정말 멋지지 않나요? 자랑하고 싶었어요.
세상 사람들 상관없이
하나님과 나만이 의논하고 소통하는 삶의 비밀
저는 이런 제 삶이 자랑스러워요.
인생엔 손해도 없고
이득도 없는 것 같아요

내일의 일도 모르는 인생
그 진리를 알게 해 주신 주님이 감사하고
두렵거나 아쉬운 것 없는 제 마음이 축복이라고 생각해요.
이게 바로 믿는 자의 축복!

혹시라도
규모는 달라도 비슷한 일로 힘드신 분들 계시다면
절 보시고 조금이라도 공감하며

위로받으시길 바라는 마음이에요.

하나님의 섬세함과 디테일함을 믿고
세상 계산 다 내려놓고 기도하며
희망으로 채우시길 바래보아요

속상하지 말자구요.
심상하니까요.
심령의 근심은 뼈를 썩게 한다잖아요.
내려놓을 수 있는 것은 인생에서 중요한 훈련.

이런 하나님의 은혜, 같이 느껴봐요.

33 : 2018. 03. 17 ──────── 뚫려라 내 마음

아직 화해하지 못한 가족이 있나요?
다툰 후 소원해진 친구가 있나요?

어제는 안방 화장실 세면대가 또 막혔어요.
자주 막혀요.

뚫어뻥도 써 보고

황정민처럼 쑤셔도 보고
고군분투 하던 중.
마침내 성공했습니다!

그런데 수시로 막히는 세면대보다 뚫기 힘든 것이
막혀버린 어떤 상대와의 관계가 아닐까 생각이 들었습니다.

너무나 사랑했던 사랑도
비밀을 공유하던 친구도

소중했던 것들을 나만의 합리화로
세월 속에 소홀히 흘려보내며 외면하고 있지 않은지

그것이 주님이 진정 원하는 것인지

 # 고린도후서 5 : 18
모든 것이 하나님에게서 났으며 그가 그리스도로 말미암아 우리를 자기와
화목하게 하시고 또 우리에게 화목하게 하는 직분을 주셨으니

시집 올 때에도
어떤 새로운 단체에 들어갈 때도
늘 화목의 제물이 되게 해달라고 기도했습니다.

인간관계가 좋고,
모든 사람을 끌어안는다고 착각했습니다.

하지만
오늘 세면대를 고치면서
뚫리지 않은 채 막혀있는 옹졸한 내 마음을 고백합니다.

짧은인생 무엇이 그렇게 중요할까요?
미운 마음 담지 말고
서로 사랑하며 멋지게 살다 갑시다!

오늘은 시원하게 전화를 걸어
막혀있던 내 마음을 뚫어버릴랍니다!

34 : 2018. 03. 29 ──────── 축복 세어보기

일주일에 한 번 꼴로
묵상글을 쓴 지도 1년이 넘었다.

어떤 상품을 판매하면서 내 신앙을 고백하는 것이
처음엔 쉽지 않았다.

하지만,
짧은 세상 살아가는 동안
해야할 일 가장 우선순위로 생각하는 것

하나님과의 약속

행동하지 않으면 죽은 삶이라 생각했기에 용기를 냈고
주님을 높이는 자 더 높임받는다는 말씀을 믿었기에
어느 정도 구독자를 주셨을 때 성령이 나를 움직였다.

처음엔 시비거는 사람도 있었고, 그만큼 부족하지만

이 고백으로 혼자만의 비밀장부가 아닌 많은 분들과 나누고
진실된 고백과 소통들로 축복의 통로가 되고 싶었던
신앙적 욕심.

내가 가장 위로받고 있는 가장 귀한 사역이다.

그 뜻이 하늘에 전해졌나보다
턱없이 부족한 내게
묵상글로 책을 내는 인연이 이어졌다.

무식해서 무식하게 예수믿는 나.

부족한 나에게 주신 가장 큰 달란트가 있다면
잘하지 못해도 꾸준히 행하는
끈기가 아닐까.

기도의 단계

오늘은 우리 아빠의 74번째 생신이다.
36살의 노총각이 나를 낳아서 나이 많은 아버지가 아쉽다.
앞으로 몇 번의 생일을 아버지와 함께 할 수 있을까?

특별한 일이 없는 한
아이들과 취침 전 기도를 한다.
꼭 기도하고 자는 것을 잊지 않으려 노력한다.

때로는 어이없는 기도도 하지만
여과없는 아이들의 기도를 보며
기도의 단계가 있다는 생각이 들었다.

기도의 첫번째 단계는, 회개이다.

세안할 때도 클렌징을 먼저 하듯
영혼청소가 되지 않으면
기도가 될 리 없다.

개인적 경험으로 기도하기 싫을 때는
내 육신의 생각으로 가득 차 있고

죄악으로 욕심으로 가득 차 있을 때다.

현실에서 죄가 있으면
지나가는 경찰만 봐도 기겁하는 것처럼
하늘에선 하나님이 그런 경찰 같은 존재인 건가?

물론 내 말이 꼭 맞다는 법은 없지만
이건 틀리지 않는 것 같다.

—

시편 66 : 18
내가 나의 마음에 죄악을 품었더라면 주께서 듣지 아니하시리라

—

우리에겐 고백되지 않은 죄가 분명히 있다.
물론 내게도 있다.

매번 회개를 하지만 세세하게 소원을 말하는 것처럼
세세히 죄를 고백하진 못했던 것 같다.

회개치 않으면 위 말씀처럼 주님이 듣질 않으신다.
그걸 우린 영적으로 느끼는 것이다.
큰 사건이 없어도 나는 매일 죄를 짓는다.

나는 기본적으로 죄인이다.

이런 말하기 부끄럽지만,
학창시절 나는 날라리였다.
나는 내가 날라리인지 몰랐다.

그 시절에도 분명 나는
"나는 마음 중심에 주님이 계셨고
내 마음은 순수했었어"
라고 말하지만…
분명 어떤 친구들에게 상처를 주었을 것이다.

우리 아빠는 나의 자랑이었다.
뉴스에도 나오신 적이 있고,
금성프레스라는 꽤 큰 회사의 대표셨다.

난 돈이 없다는 게 어떤 건지를 몰랐다.
마냥 내가 하고 싶은대로 사는 게 인생인 줄 알았고

그 인생이 마냥 행복했다.
한 마디로 철이 없었다.

2007년 27살 6월
나의 자랑 부자아빠가 힘들어지셨다.
힘듦을 못 견디시고
안 드시던 술을 많이 드시기 시작했다.
아빠가 홀로 우시는 걸 지켜보는 나는
가슴이 많이 아팠다.

그 시절 난 다 울어서 눈물이 많이 말랐다.
그렇게 마음아픈 경험이 없어서였는지
그 1년 동안 기도가 겉돌았고 내키지 않았다.
그냥 붕 떠 있는 꿈 같았다.

모든 일에 정신이 없어서일까, 마음에 여유가 없었다.

음주운전을 하신 아버지는 면허정지가 되셨다.
아빠가 타던 차를 내게 주셨고
26살에 운전면허를 따라고 하셨는데,
내가 어느 정도로 철이 없었냐면,
기사 딸린 차를 탈 줄 알았다.

운전면허를 따면서도 믿을 수가 없어서 시험장에서도 울었다.
정말로 철이 없었다.
그리고 병원을 운영하는 사촌언니의 사업장에 취직을 해야 했다.
부끄럽지만 나는 27살에 처음으로
일이란 것을 해보게 되었다.

그 날도 울었다. 안 간다고 울었다.
일하는 게 친구들에게 창피하다고 마구 울었다
나는 그 정도로 정신적으로 부족했다.
지금 곱씹어보면 스스로 놀라울 뿐이다.

그런데, 막상 일을 하다 보니 재미있었다.
성취감이 굉장했다.
내가 돈을 벌 수 있다는 게 신이 났고
아빠를 일으켜 세울 수 있을 거란 생각으로 설렜다.

집에 경매딱지가 붙기 시작했다.
"에이 설마, 빵빵한 울 친척들이 해결해주겠지. 암! 우리 아빠가
얼마나 도와줬는데."

하지만 아무도 해결해 주지 않았다.
이사를 가야 했다.

이사 첫날 눈 뜬 아침, 그 기분을 잊을 수 없었다.
모든 게 꿈 같았다.
자주 오던 많은 사람들의 발길이 끊겼다.

그때 생각했다
하나님이 왜 아빠를 치셨을까?
세상 기준으론 큰 죄가 없는데.

그랬다. 하나님을 바로 믿지 않는 게
하나님 기준엔 가장 큰 죄였다!

아빠가 십일조 생활을 제대로 하지 않으신 것.
주일마다 주일성수를 지키지 않고
상관 없이 골프 치러 가신 것.
사람들에게 보이는 신앙생활을 하신 것.

사람들이 그랬다.
"어떻게 너희 집이 망해?"
"에이 말도 안 돼!"
"뭔가 있겠지."

뭐 없더라!

인간의 계산은 항상 눈에 보이는 것만큼이다.

주님은 주님이 주신 만큼
한순간에 앗아가실 수 있다는 것
그 분 앞에서 우리는 아무 힘이 없다는 것을 느꼈다.
하나님이 무서웠다.

사람은 사랑할 존재지
믿을 만한 존재가 아니라는 것도.

그 당시 사랑하는 사람이 있었다.
갑자기 두 동강난 우리집 상황이 너무도 창피했다.
그래서 뉴욕으로 가는 그를 자연스럽게 보냈다.

비슷한 처지라 생각했는데,
그가 부러워졌고, 한순간에 다른 환경이 되어버린
내 신세가 안쓰러웠다…
다른 한편으론 이유없이 얄미웠다.
한마디로 꽈배기처럼 꼬여있었다.
그 상황을 진실되게 나누지 못했다

그때 나는 많이 어렸던 것 같다.

외국에 있던 친정오빠도 모든 걸 접고
한국으로 들어와야만 했다.

그때 오빠 친구인 남편을 만났다.
개인적인 첫만남 자리에서
나에게 바로 결혼하자고 했다.
미친 소리 같지만
미친 소리 같지 않았다.

모든 것이 적당했다.
그리고 내 배우자 기도목록을 폈다.
27가지에 모든 조건에 부합하는 사람이었다.
너다! 라고 나는 느낄 수 있었다.
물론 사랑도 했다.

오빠는
별볼일 없는 나를 특별한 사람처럼 대해주고
귀하게 사랑해주었으며
무엇보다 편안하게 해주었다.

나의 모든 상황과 스토리를 아는 그가

차라리 덜 자존심이 상했던 것 같기도 하다.

나는 나만 의지하는 아빠를 두고
반대하는 아버지를 설득해
야비하게 도피성 결혼을 했다.

아빠에게 너무도 미안했다.
맛있는 음식을 먹어도 목에 걸리고
날이 더워도 추워도
혼자만 똥통을 피해 호의호식하는 것 같아
온전히 행복할 수 없었던 때였던 것 같다.

하지만 그 집에선 도저히 살수 없을 것 같아
도망치듯 결혼했다.

결혼생활은 정말정말 행복했다.
다행이었다.

이런 모든 상황에서도
내가 잘못될 거라고 생각한 적은 단 한번도 없었다.

어쨌든 잘 될 거라고 생각했다

(내 별명은 강금정이다)
보이지 않는 악한 존재가 우리집은 무너뜨려도
보이지 않는 내 마음은 무너뜨릴 수 없었다.

물론 육신의 눈으로 배우자를 보았지만
오빠를 믿었다기보다는
나는 내가 하나님과 쌓아올린 20년의 배우자 기도를 믿었다.
못난 나지만 자신이 있었다.

지나고 보니
아빠를 물질로 치신 것도
(더 늦기 전 아빠의 회개와 신앙성숙)

첫사랑을 떠나보냄도
(예비해놓은 내 배우자, 덩치 큰 친구 만나라고)

알바 한 번 안해본 나를
일하게 하신 것도
모두 주님의 계획이었다는 생각에
주님의 주도면밀함에 감사하고 눈물이 난다.

너무도 어리숙하고 부족한 내 주제를 알기에

늘 좋은 사람들 곁에 붙여주시고
좋은 고객들 보내주셔서 응원받고
사업장을 잘 이끌어 가도록 보호해주시는 주님께
모든 감사와 영광을 돌린다.
이렇게 시시때때로 죄를 짓는 인생 속에
알고 지은 죄
모르고 지은 죄
늘 고백하며

인생의 고난 중에도 똥밭에 뒹굴게 하지 않고
최고의 길만 보내주시는 나의 주님.
주님이 허락하신 축복의 인생.

더 귀하게 아껴주며 살아야하겠다
기도의 끈 놓지 말고
남들과 비교 말고.
오로지 주님이 만들어주신 특별한 나 자체로만.
시야를 좁혀 나의 축복을 세어보자

음식이 맛없다 느껴지지 않는
식지 않는 식욕과
포근한 침대.

귀여운 자녀들.
우리 가정의 회복.
엄마 아빠 건강하셔서 효도할 수 있는
기회와 상황 허락하심.

감사할 것이, 축복받은 것이
너무도 차고 넘치는 인생길이다.

누구에게나 고난은 있다
어떤 관점으로 바라보느냐에 따라
내 인생이 축복이 될 것이냐.
저주가 될 것이냐가 달려 있다.

지금의 고난이 보이는 게 전부가 아니라는 것.
주님은 자녀에게 분명 가장 좋은 것을 주실 것이다.
고난도 축복으로 가는 과정이다.

죄가 있다면 기도로 고백해
수시로 영적 청소를 해야 한다.
하나님과의 관계를 절대 놓지 말자.
우리가 가장 중시해야 할 우선순위는 그것이다.

이렇게 편안히 고백할 수 있고
나눌 수 있는 친구들이 있다니,
참 난 축복받은 사람이다.

축복 주신 삶 보답하기 위해서라도
죽을 때까지 묵상 글을 나누어야겠다.

이 축복의 비밀.
조금이라도 나누고 은혜받는 선순환이 있길 기도해본다.

인생은 너무나 짧고 빠르다.
짧은 인생길 이왕이면 축복의 관점으로 바라보다 가자.

아멘!

가방 만드는 엘깡의 묵상일기

초판 1쇄 2018년 5월 18일

지은이 | 강유진

펴낸곳 | 싱글북스
발행인 | 고민정
주　소 | 서울특별시 중구 을지로 14길 20, 5층 출판그룹 한국전자도서출판
홈페이지 | www.koreaebooks.com / www.singlebooks.co.kr
이메일 | contact@koreaebooks.com
전　화 | 1600-2591
팩　스 | 0507-517-0001
원고투고 | edit@koreaebooks.com
출판등록 | 제 2017-000078호

ISBN 979-11-961544-4-8 (03190)

Copyright 2018 강유진, 싱글북스 All rights reserved.

본 책 내용의 전부 또는 일부를 재사용하려면 목적여하를 불문하고
반드시 출판사의 서면동의를 사전에 받아야 합니다.
위반 시 민·형사상 처벌을 받을 수 있습니다.

잘못된 책은 구입처에서 바꿔드립니다.
저자와의 협의 하에 인지는 생략합니다.
책값은 본 책의 뒷표지 바코드 부분에 있습니다.

싱글북스는 출판그룹 한국전자도서출판의 출판브랜드입니다.